装丁物語

和田　誠

中央公論新社

目次

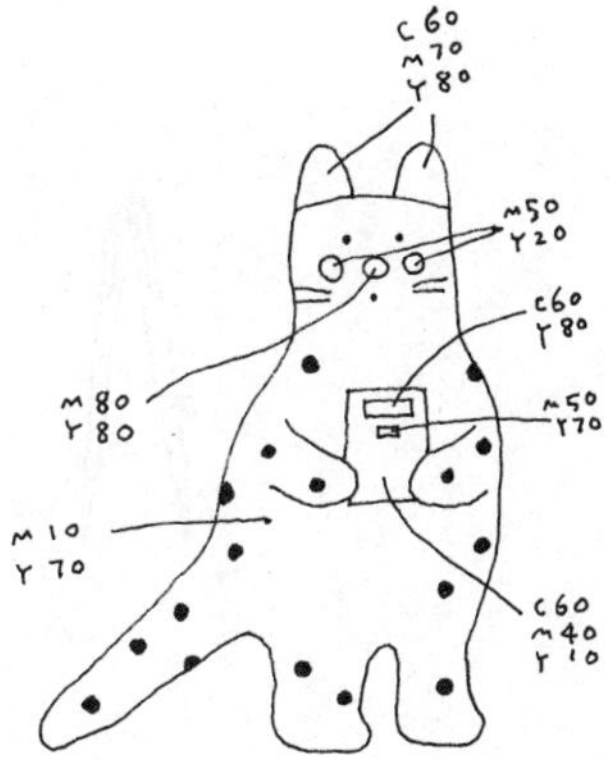

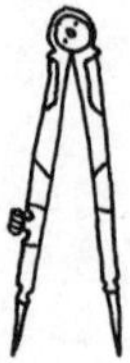

装丁物語

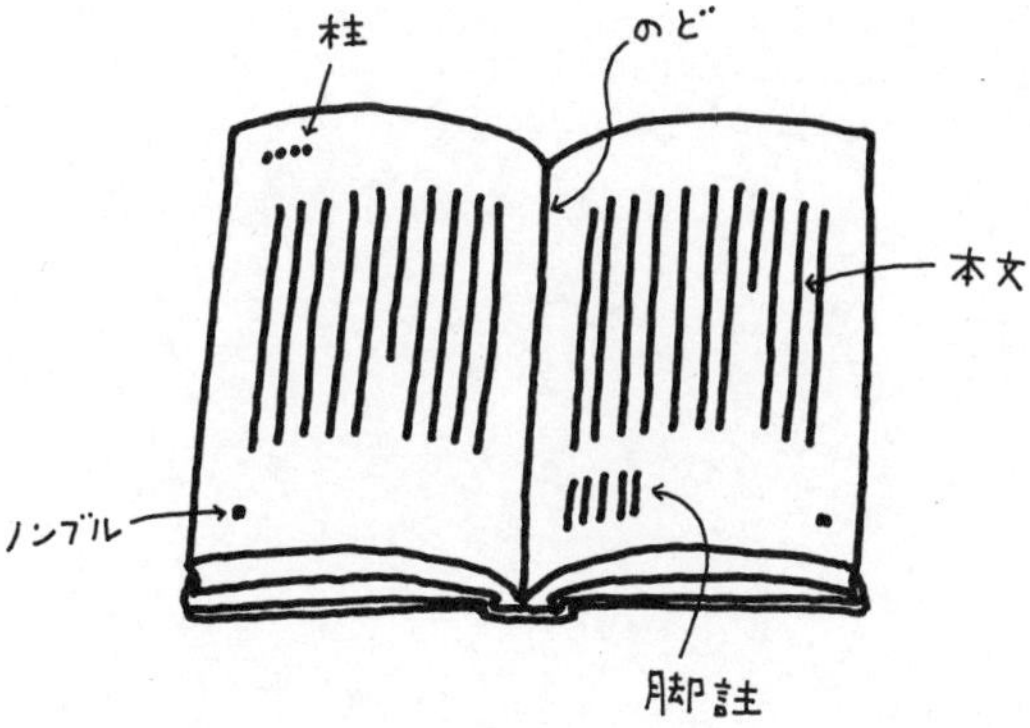

1　装丁で忙しくなり始めたころ

　装丁という仕事がぼくの営業品目の中でシェアを占めてきたのは、一九七二年の遠藤周作『ぐうたら人間学』(講談社)あたりからかな、と思います。初めて装丁をしたのは六一年で、そのあとポツポツとやってはいたのですが、数はそれほど多くはありませんでした。

『ぐうたら人間学』は、よく売れた本だったんです。売れたのは装丁のせいじゃありませんよ。内容が面白かったからです。読みやすい、気軽なエッセイ集であった。それも、遠藤周作さんという、本来はキリスト教的精神を根元とした純文学の作家が、うんとくだけてユーモアたっぷりに書いたものだから、作家のもうひとつの面を知ることができて興味深かった。『ぐうたら人間学』というタイトルも、とっつきやすくてよかったんでしょうね。

　それからこの本が作られた一九七二年は連合赤軍の浅間山荘事件があった。日本赤軍のテルアビブ事件もあって、騒然とした気分だったです。田中内閣ができた。角栄さんは日本列島改造論をぶち上げて、景気をあおっていた。土地は値上がりを始めた。日本中何だかわっせわっせと落ち着かなかったんですね。そういう時期に「ぐうたら」という言葉はただの「ぐうたら」以上の、アンチテーゼとしての意味を持ったんじゃないか。大袈裟かもしれないけれども、ひとつの思想とも言えたと思います。

それにこの本は安かった。B6変型のソフトカバーだけど、二九〇円ですよ。当時としても破格に安いです。講談社も売れると踏んだから安くしたんだろうし、安いからまた売れる、とうまい具合に回転したんですね。

で、売れるとシリーズ化されますから、次も装丁は和田にやらせようか、となる。イメージの統一ということも必要だし、営業上のジンクスもあるでしょう。売れた理由は別にあるとわかってても、彼の表紙の本が売れたんで、次も売れることを期待して彼に依頼してみよう、という気になってくれる。

そんなわけで、次の年に『ぐうたら交友録』と『ぐうたら愛情学』、そのまた次の年に『ぐうたら好奇学』の装丁をしました。もちろん著者はいずれも遠藤さん。別のタイトルで連載されたものや、あちこちに書いたものを集めたものや、いろいろでしたが、とにかく「ぐうたら」のシリーズとして一本化したんですね。どの本もよく売れたと思います。さすがに四冊目の「好奇学」の値段は三九〇円になってましたけど。

遠藤さんて面白い方で、仲間の作家に外国人の声色で電話をかけたり、変装して酒場に出かけたりするんですね。ぼくは遠藤さんとは何度かお目にかかった程度なので、そういうエピソードは読んだり聞いたりしただけですけど。遠藤さんの得意な変装は老人で、ご本人はその老人に狐狸庵山人と名付けてました。で、その狐狸庵山人の姿を、ぼくはカヴァーに漫画っぽく描いたわけです。

『ぐうたら人間学』は、狐狸庵山人とキツネとタヌキが地面の中で冬眠しているところを描きました。「ぐうたら」というイメージを絵にしたんです。狐狸庵は白ヒゲの老人ですけど、いかにも遠藤さんが変装しているというふうにしました。ちょっと凝ったタイプの似顔です。カヴァーの裏は冬眠してるヘビ。ヘビは本文とは関係ないけど、冬眠のついでに描き加えたんです。

題名も著者名も描き文字で、全体に呑気な感じにしました。

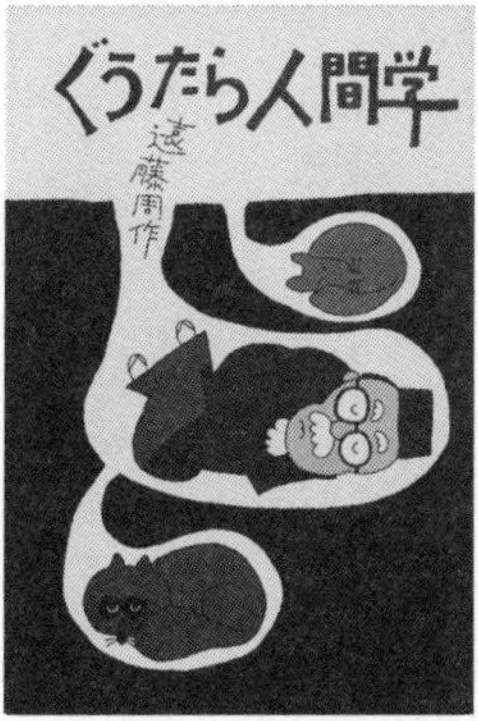

『ぐうたら交友録』も同様、狐狸庵山人の姿に描き文字で仕上げました。カヴァー裏はキツネとタヌキが肩を組んでいる絵です。狐狸庵のキツネとタヌキにこだわったんですね。絵として面白くなるということもあるし。

ところでこの本の数年後に「狐狸庵」という酒場だか料理屋だかができて、看板にカヴァー裏のキツネと

タヌキの絵を使ったが了解してくれ、という電話をその店のオーナーからもらったことがあります。いずれ挨拶に行くから、と言われたような気もするけど、そのままになって、こちらも忘れておりましたが。

　このシリーズの延長線上に『狐狸庵VSマンボウ』と『狐狸庵VSマンボウPARTⅡ』というのがあります。マンボウというのはご存じのように北杜夫さんのことですね。北さんも本来は純文学畑の人ですけど、『どくとるマンボウ航海記』以来、自称「どくとるマンボウ」でユーモラスな作品を書いておられる。『狐狸庵VSマンボウ』というのは遠藤周作さんと北杜夫さんの対談集です。これも面白おかしいというタイプの本で、ぼくとしても「ぐうたら」シリーズの手法をこれにも当てはめました。狐狸庵は例の狐狸庵山人を、マンボウは文字通り魚のマンボウを描いたわけです。人間と魚の対面ですから、奇妙な絵になって、効果的だったと思います。

「ぐうたら」シリーズにしろ、二冊の『狐狸庵VSマンボウ』にしろ、本の中身が持っているユーモラスな気分を、カヴァーの絵で増幅してみようという試みです。

　手法は「ぐうたら」シリーズはロットリングで版下を描いて、色指定。『狐狸庵VSマンボウ』の方はロットリングじゃなくGペンを使ってます。Gペンというのは昔からあるいわゆるつけペンですね。事務用品の初期は墨汁をつけて描いてましたが、そのうちカラーインクの黒、さらにロットリング用の黒インクを使うようになりました。

筆記用具はロットリングを使うことがだんぜん多いです。しかし、ぼくが仕事を始めたころはロットリングはこの世に存在していなかったので――少なくとも存在を知らなかったので――もっぱら普通のペン先を使っていました。細い線が欲しい時は細書き用の丸ペンというやつを使う。こっちは細くて先が鋭いですから、ちょっと描きにくいです。ケント紙に食い込んで、繊維にひっかかる感じがする。その点、Gペンの方がなめらかで好きです。オーソドックスなペン先は、真ん中が割れていて、そこをインクが流れる仕掛けになってますね。筆圧を強くすると割れ目が開いて線が太くなる。ですから、指の力の加え方で、線に微妙なニュアンスが出ます。それが面白い。それに、ペンを裏返して使うと細い線が描ける。という具合でなかなか便利なものです。安いし。先がだんだん開いてきて、時々取り替えないといけないということはあります。それと、インクをつけすぎるとボタッとたれる。それも要注意ですけど。

しかしロットリングが輸入されました。実はその前に、ドイツに留学中の高橋悠治さんからロットリングを贈られたことがあったんです。六〇年代中ごろのことです。たぶん向こうでも新製品だったと思うんだけど、初めて見る筆記用具でした。珍しいからすぐ使ってみたんですが、使いこなす前にインクがつまって描けなくなってしまった。掃除をしていねいに扱えばよかったのに、面倒くさいのでそのままにしてしまいました。

それから何年かたって、日本でもロットリングが少しずつ知られるようになった。もともとロットリングというのはイラストレーション用具ではなくて、製図用具ですね。先が開いて線にニュアンスが出るペン先の方式ではなく、注射器のように管からインクが出るシステムですから、一定の太さの線が得られる。したがって製図向き。だから、たぶん使い始めたのは建築家とかインダストリアル・デザイナーが先だったんじゃないかと思うんですね。そのうちグラフィック・デザイナーが使い、イラストレーターが使うようになった、のではないか。

ぼくがロットリングを本格的に使い出したのは六九年でした。このことは『PEOPLE』（73年・美術出版社）という本に記したので、今でもはっきり憶えているんですが、日本デザインセンターに仕事で呼ばれて行って、打合わせだけのつもりが、その場で何点か絵を描くという破目になっちゃった。当然用具は持ってません。で、センターの若いデザイナーが「これ使いますか」と貸してくれたのがロットリングで、その時の描き心地がとてもよかったんです。それ以来ロットリング党になったというわけです。

ロットリングは線の太さが一定で、ニュアンスは出ないんだけど、ぼくの場合はロットリングで描いても線がふるえたりして、それなりの味が自然に出るということもあるし、逆に線の太さが変わらない、クールな気分というのも悪くないと思ってます。

線の太さが変わらないとは言っても、先端を取り替えれば何種類かの太さで描けますね。ぼくの場合は、おおむね〇・三ミリを使ってます。

もちろん、ニュアンスが欲しい場合は今でもGペンを使うし、ロットリングからも「アート・ペン」という新種が出てます。うんと太い線が欲しい場合はこっちを使います。ただし、アート・ペン用のインクは本来のロットリング用インクより薄いので、気をつけて描かないと印刷になった時、線がかすれて出てくる、ということがあるし、上からカラーインクなどを塗るとにじんで線がだめになっちゃうとか、にじみやすいから修正がしにくい、という欠点があります。


えーと、遠藤周作さんの本の話でした。あのころから装丁の仕事が少しずつ増えてきた、ということですね。それからしばらくたって、横尾忠則君がぼくの仕事場に遊びに来たことがあります。彼はぼくが装丁をした本ばかり並んでいる棚を眺めて、「和田君の装丁する本って〝ぐうたら〟とか〝ウスバカ〟とか、そんなのばっかりだなあ」と言いました。そう言われてみると、そのころ装丁した本は『ウスバカ談義』『ぼた餅のあと』『坊主の花かんざし』『猫踏んじゃった』『私は、ヒモです』『ごたごた気流』『きまぐれ博物誌』なんてのが多かったんですね。『他人のふんどし』というのもあったっけ。

本当はそれだけじゃない、もっと堅い題名の本もあるんです。あるんだけども、本棚を見渡した印象は「ぐうたら」「ウスバカ」だったんですね。それぞれ立派な著者が書いたちゃんとした本なんですよ。ぼくも一所懸命装丁しています。でもずらっと並ぶと、自分では気がつかなかったけど、軽妙の二乗、三乗という感じに見えたんでしょう。面白いもんだなあと思いました。依頼する方も、あいつは「ぐうたら」をうまくやったから「ウスバカ」もうまくやるだろう、という思い込みがあるのかもしれません。それはそれで有難いことだと思いますけど。

今あげたタイトルの中で、『ごたごた気流』（74年・講談社）、『きまぐれ博物誌』（71年・河出書房新社）は星新一さんの本です。星さんの本の装丁も割合多くて、ある種コンビ的な部分もあります。星さんとのコンビというと、本当は真鍋博さんですけど。

昔「ディズニーの国」という雑誌があって、ディズニー・プロとタイアップでディズニー漫画を中心に載せていたんだけど、編集長が児童文学の今江祥智さんだったので、輸入ものばかりじゃ面白くないとオリジナルの部分も充実させていたんです。岡本喜八監督に映画の話を書いてもらったり。今江さんの依頼でその雑誌に星さんは初めて児童向けのショートショートを書いた。ぼくが挿絵を描きました。それがきっかけで、ぼくは星さんに、ぼくの自費出版絵本のためのオリジナル・ショートショートをお願いしたんです。六四年の話。その時が初対面でそれからのおつきあいなんですが、そのあたりから星さんも意識して子ども向けのショートショートを書くようになりました。そっち方面の挿絵はぼくが依頼される。大人向きのショートショートはそれ以前からずっと真鍋さんが担当してる、とそんな感じ。

挿絵画家もイラストレーターもたくさんいるんですが、星さんはいろんな人に絵をつけさせるのを好まなかった。つまり、ショートショートってオチが大切でしょう。それをうっかりした画家はオチを絵に描いちゃう。絵はどうしても先に目に入りますから、読まないうちにオチがわかっちゃう。真鍋さんもぼくもそこんとこは心得てますから、オチを描くなんてことは絶対にしません。それで星さんも安心して頼んでくれる。正直言うと、オチの部分がいちばん絵にしやすいんですけどね。

そんなわけで、星さんの児童向きショートショートがたまって、本になりました。『気まぐれロボット』（66年・理論社）です。自費出版絵本『花とひみつ』を別にすると、これがぼくにとって初めての星さんの本の装丁になります。二色刷りで挿絵もたくさん入った、B5判ハードカヴァー、箱入りの、豪華な本です。箱には表にも裏にも絵があり、表紙にも同じ絵が入っています。ただし、箱の表の絵は表紙の裏に、箱の裏の絵が表紙の表に刷られている。つまり箱から本体をひき出す時に、別の絵が出てくる仕掛けです。これはぼくのアイデアではなく、当時の理論社の箱入りの本はたいていそうなっていたんじゃない

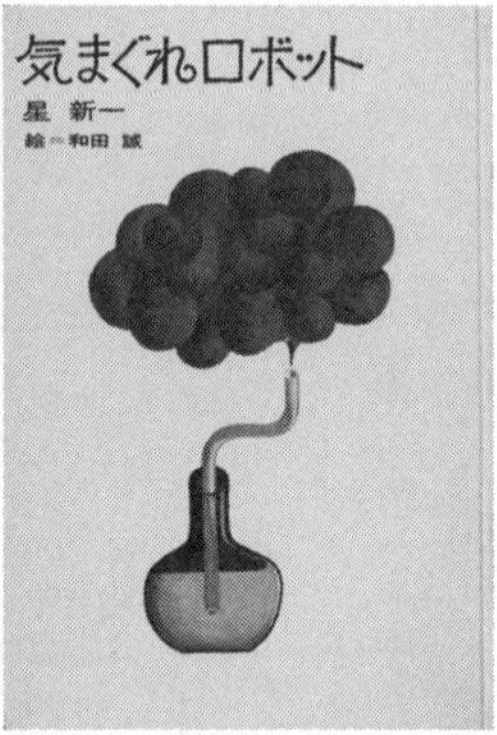

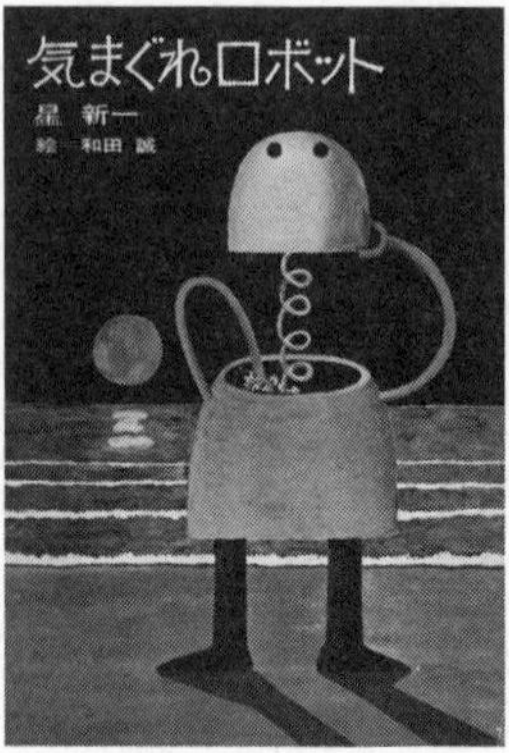

かと思います。

この装丁で、ひとつ勉強をしました。

ぼくは箱の表にどこかの星の海辺にいるロボットを、裏に赤い煙が出ている実験用らしいガラス瓶を描いたんですが、画材はグァッシュで、こってりと描いた。特にロボットの方は暗い夜空です。ガラス瓶の方は赤い煙なんかこってり描いてるんだけど、白いバックにしました。

出来上がりを見て、星さんは箱より表紙の方が好きだ、とおっしゃった。同じ絵だけど箱のロボットは表紙では裏側にきてる。で、星さんは、こってり描いた方は長篇の表紙のようだ、とおっしゃるんですね。白いバックの方が、内容がまあショートショートに思える、と。

ああそうか、とぼくは思いました。当時ぼくはまだ駆け出しだったし、好きな星さんの装丁ができるのが嬉しかったし、大型豪華本だということもあって、とにかく張り切ってリキ入れて描いたわけですね。一所懸命描く、と、こってりと描く、が同義語だった。そのせいで、内容が子ども向きの軽妙なショートショートだ、ということが頭の中からすっ飛んでしまったんです。勉強をした、というのは、頑張って描くことだけがいいんじゃなくて、本の中身の気分をどれだけ装丁で表わすことができるか、そっちが大事なんだ、ということがわかったことなんです。

そのあと、六八年にエッセイ集『きまぐれ星のメモ』（読売新聞社）を装丁してますが、星さんの装丁をたくさんやるようになったのは、やはり七〇年代に入ってからでしょう。七〇年に短篇連作『ほら男爵現代の冒険』（新潮社）と、ショートショート集の『だれかさんの悪夢』（新潮社）を装丁しました。どちらもロットリングにスミ、プラス特色三色の色指定。三色の特色のうち一色はパールトーン・インクを使いました。

そのころ、つまり七〇年代に入ってから星さんと話していて、もう一つわかったことがありました。星さんは自分の本の表紙は白バックが好きだということです。自分の作品の軽妙なタッチは白が似合うという考えもあるのでしょうが、ジンクスもあるんですね。過去の著作の中で、売れ行きがよかったものはたいてい白バックだった、ということでした。偶然そうなったのかもしれないけれども、星さんの作風と白バックがよく合うと読者が感じとって、それが売れ行きにつながっているとも考えられる。そうだとすると単なるジンクスではないわけで、ぼくとしても星さんが「ぼくは白バックが好き」というのは無視できなくなりました。そんなわけで、それ以降の星さんの本は、ぼくが装丁するかぎり、白バックが多いんです。

実際のところ、星さんの本に限らず、白バックというのは明るくていいんですね。中にどんな色を持ってきても合わなくて困るということがありません。もちろん、だからと言って、いつも白バックがいいということにはならないわけで、本の内容によって重厚さが必要な時は、それなりの色を考えています。ただ、パーセンテージから言うと、ぼくが依頼されるのは重厚なものより少し軽妙なものの方が多いので、その分、白バックが多くなっていると言えるかもしれません。

2　装丁と装幀

装丁は、装釘とも装幀とも書きます。どれがいちばん正しい、ということも特にないようだし、各出版社でも統一はしていないようですね。ぼくも別段、こだわっていません。何となく、気分で、装幀という字を使うことが多かったような気がする。その程度でした。『和田誠　装幀の本』（93年）というのを出したことがあります。ここでは「幀」を使っているので、ぼくがそれを認知した、と自分でそういう気持にもなるのですが、実はこれはリブロポート社のシリーズになっておりまして、『平野甲賀　装幀の本』『菊地信義　装幀の本』に続くものだったんですね。だから「幀」を使うのが自然のなりゆきでした。それに「幀」に抵抗もなかった。深く考えたことはないのですが、もしかしたら、「釘」の字を使うと、何だか本にトンテンカンと釘を打ちつけるような気がしてたのかもしれない。「丁」はシンプルでいいのですが、丁の字は釘の象形文字でしょう。やはりトンテンカンなんですね。釘こそ使わないけれども、紙を合わせて本に仕立てるのは、匠の仕事で、トンテンカン的要素があると昔は考えられていたのでしょうか。

念のために辞書をひいてみたら、岩波の『広辞苑』には〈本来は、装《よそお》い訂《さだ》める意の「装訂」が正しい用字〉と書いてあるのでびっくりしました。その上、〈「幀」は字音タウで掛物の意〉とある。音も意味も間違っているわけです。これは困った。でも現代では「幀」を使っても誰も苦情を言わないのだから、まあいいや、ということになってるんでしょうね。そんなわけで、『広辞苑』を開いてからは、なるべく「装丁」と書くようにしているんです。

意味の方は、小さな辞書には〈書物を綴じて表紙をつけること〉とだけ書いてあります。これだと表紙のデザインをするだけが装丁、ということになりますが、しかし立派な辞書になると、それは意味の①で、②として、〈書物の表紙、見返し、扉などの体裁を作り、外形を整えること〉とあります。これならぼくの考えている装丁の意味に近いわけですね。『広辞苑』はこれに〈体裁から製本材料の選択までを含めて、書物の形式面の調和美をつくり上げる技術〉という文も加わっていて、装丁の本質をさらに表現してくれていると思います。カヴァーにふれていればもっといいんだけど。でも図版つきで、図版にはカヴァーの説明が入ってます。ほかに「見返し」「花ぎれ」「のど」「小口」といった専門用語が図に記されているのでわかりやすいです。

さて、カヴァーの話ですが、カヴァーというのは昔はなかったんですね。表紙があればそれでよかったし、豪華な本は箱に入ってました。カヴァーがかけられるようになったのがいつからなのか、正確なことは知りませんが、一冊につき印刷部数が多くなったり、出版される本の数が多くなってからでしょう。

一つは包装紙的な考え方ですね。書店でほこりをかぶったり、人の手で汚れることから表紙を守る、という目的があった。売れ残った本が書店から返品されて、それが汚れていても、カヴァーだけをかけかえて、新品としてまた出荷できる、ということもあります。本を買ったあとカヴァーを捨てて読む、カヴァーなしで本棚に収める、という人も珍しくはなかった。今でも図書館の多くは、カヴァーを捨てるという習慣が続いているようです。

英語だとカヴァーはラパー、またはジャケットになります。カヴァーは表紙の方の意味になるようですね。日本では表紙とカヴァーは使い分けていますけど。ラパーはラップするもの、つまり包むもの、ですから、やはり包装紙という考え方なんだろうと思います。

それから、カヴァーにはもう一つの目的ができた。書店で目立たせるということです。書店に並ぶことによって広告的な効果を期待する。となると、各出版社はただの包装紙じゃなくて、きれいなものにする、凝ったデザインにする、カヴァーで競争する、というようになりました。

包装紙的な目的だけだと、表紙に凝って、カヴァーはシンプルなものでいいわけですが、広告効果を考えるとカヴァーの方にお金をかける。今はその方が普通になりました。

児童書には、カヴァーと表紙を同じデザインにしたものが多いようです。子どもはカヴァーなんかとっちゃうせいか、図書館でカヴァーをとられてもわかりやすいよう、子どものためを考えてるせいか。

カヴァーは通常コーティングされます。合成樹脂加工ですね。汚れを防ぐためのものです。紙にもう一枚膜を張って丈夫にするという意味もあるでしょう。表紙を守るためにカヴァーがかけられ、そのカヴァーを守るためにまたコーティングされる。これでもカヴァーが包装紙的な目的を離れていったことがわかります。

このコーティングですが、業界ではピーピーと呼ばれています。ぼくは最初ピーピーって擬態語かと思いました。ピンピン張るとか、ピカピカ光るとか、そんなふうな。実際はPPなんですね。ポリプロピレンの略です。

通常、PP加工をすると光沢が出ます。ぼくはこれがあまり好きじゃないんです。ピカピカ光って安っぽく感じる。本当はPP加工なんかしなくてもいいと思うんですが、出版社も取次店も書店も本が汚れることを嫌いますから、カヴァーにコーティングすることが、特殊な小部数出版を別にすれば、世の中の趨勢になっています。

ぼくはコーティングするなら、マットな感じの方を選びます。業界ではマットPPという呼び方をしてますね。マットにすると同じコーティングでも渋めに上がります。派手めより渋めの方がぼくは好きなんですね。本によっては光沢のある方がキッチュな感じで、内容に合っていることもありますが、九〇パーセント以上は、ぼくはマットの方を選んでいます。うっかり、マットと指定するのを忘れると、出来上がりはたいていピカピカになっていますから、忘れないようにしないと。

表面に凹凸があるような風合いの紙を使う場合、PP加工をすると紙の持つニュアンスが消えてしまうことがあります。コーティングをしなければいいんですが、今言ったように汚れの問題でコーティングが要求されるので、そういう時はニス引きという手もあります。表面を薄いニスで塗るわけですね。これだと紙の風合いをある程度保つことができます。

コーティングは印刷がすんでからの処理になります。そこで問題が一つ生じます。せっかく印刷がいい感じに仕上がっても、コーティングの工程で色が変わることがある。熱処理によって、印刷インクに影響を与えるらしいんですね。色がちょっと強くなるというか、派手めになるというか。赤系の色なんか赤がどぎつくなることもあります。

どう変化するか、事前に把握できればいいんだけど、例えば濃度が一〇パーセント上がるんなら、印刷の段階で九〇パーセントに抑えておく、とか処置もとれるんですが、できてみないとわからないんですね。うまくいってることもある。今後研究されなきゃいけない問題だと思います。

オビも、昔はなかったものです。ぼくが装丁をやり始めたころ、カヴァーはとっくに当たり前になっていましたが、オビはない方が多かった。当時のオビは、その小説が賞をとったとか、最近の事件を緊急取材したものだとか、とりわけ廉価版であるとか、特別に謳いたいことがある時だけかけるものだった。

で、オビをかけると、何だか話題の本だという印象を買い手が持ちますから、特に話題性はなくても営業政策上オビをかけると有利になる、という考え方が出てきて、各社どんどんオビをかけるようになった。結局オビがあるから特別なんだな、と思わせる効果はなくなっちゃったんですね。書くことがある場合はいいけれども、とりわけ説明しなくても本の内容は充分わかるのにそれでもオビの上に何か書かなきゃならない、それで担当者が苦労する、なんて場合も出てくる。そうなると本末転倒ですから、ぼくは無理にオビをつけなくてもいいんじゃありませんかと担当者に進言することもよくあります。

でも世の中オビつきの本が当たり前になってくると、オビのない本はオビがとれたままで書店に並んでる、つまり欠陥商品だと思うお客さんもいるんだそうです。それじゃ困るということで、なくてもいいものまでオビをつけるようになってます。それから、古本屋に本を売る時、オビがないと完全なものと認められなくて買いたたかれる、ときいたこともあります。カヴァーがないならそれもわかるけど、オビもそうなってるんですかね。

うるさいデザイナーはオビもおろそかにはしません。でもぼくはオビに関しては柔軟に考えてます。編集者って何から何まで人まかせっていうタイプの人もいますが、当然のことながらたいていは本好きですから、装丁などは専門家に頼むけれども、自分の創造性を発揮する場所を残して、本作りに参加していたい、と考える人が多いんです。

大きなところでは本文の組があります。何ポの活字、あるいは何級の写植で一行何字、それを一ページに何行入れるか、とか、ハシラやノンブルをどの位置に置くか、ということですね。今言ったハシラというのは多くは左ページの左上に横組で入っている章タイトルのことです。ノンブルはページを示す数字です。それから目次をどうするか、中扉をどうするか、奥付をどんなふうにデザインするか、といったことは担当編集者の仕事の一部になります。

気に入っている過去のやり方をそのまま持ってくる人もいるし、変わったことをやりたがる人もいて、タイプはいろいろですが、とにかくそういうことを考えるのを楽しんでいる編集者が多いです。中には装丁のデザインとあまりにもかけ離れた、例えば唐草模様だらけの目次を作る人がいたりして、ちょっと困ったな、という場合は少し口を出すこともあるけれど、できるだけ編集者の楽しみはとっておいてあげたい、とぼくは思っています。

編集者のそういった楽しみの一つにオビもある、とぼくは思うんですね。オビに入れる惹句を楽しんで作る編集者がいます。とてもうまいのがある。ものすごいのもある。著者もいろいろで、おまかせの人もいるし、うるさくチェックする人もいる。オビのデザインに凝る担当者もいて、凝りすぎて装丁の邪魔をすることもあります。ひどい時はぼくも苦情を申し述べますが、原則として、ぼくはオビは色彩以外は担当者におまかせするようにしています。

オビも、ある意味では装丁の一部なんだけど、もともとそうではなく、オビの出発点は広告の要素の強いものだった。あるいは広告そのものだった。装丁の一部と考えて装丁にあまりなじむデザインをすると、書店でオビ本来の目的を果たせなくなるんじゃないか、と考えてしまうんですね。別の人がデザインしたものがカヴァーにくっついて、そのために強い効果が出る、ということがあるんじゃないか、ミスマッチの面白さが出るんじゃないか。

でも今、色彩以外は、と言いました。色彩までおまかせにしてしまうと、ミスマッチでありすぎることが出てきます。それを、色はこちらで選ばせてもらうことでセーブしたい、と考えるわけです。思いきりは悪いんですけど。

「面白半分」という雑誌がありました。その雑誌は「腰巻大賞」という賞を出していました。「腰巻」というのは本のオビの俗称です。業界用語と言いますか。で、その月に刊行された本の中から腰巻、つまりオビの文案と絵やデザインの面白いものに賞をあげる。賞品や賞金が出たかどうか知りません。まあ面白半分だから名誉だけだったかな。でもこれをもらった編集者は喜んでいました。縁の下の力持ち的な仕事が認められたことですから。

ぼくの場合は『日曜日は歌謡日』(76年・講談社)という本が腰巻大賞をもらいました。

ぼくの場合は、と言ってもぼくがもらったわけじゃありません。この場合もオビは編集者が作ったので、もらったのは担当の古屋信吾さんです。古屋さんは本文中のぼくのイラストレーション、歌手たちの似顔を切り貼りして、コラージュにしてオビを作ったんです。面白いオビでしたよ。

オビをかけるのが原則、という時代ではありますが、たまにオビをかけない本を作ることもあります。かけなくていいや、というぼくの考えと、編集者の考えが一致すればそれも可能なんです。

『お楽しみはこれからだ』（75年から97年まで全七冊・文藝春秋）はカヴァーから本文が始まるようになっていて、カヴァーに刷った文章はちょうど普通のオビの位置にくる。一見、オビにも見えるというやり方にしました。したがってオビはない。自分の本ですから割合わがままが言えたし、担当の松浦伶さんも話のわかる人なので、ぼくが表紙から本文を始めたいと言ったら即座に了解してくれました。

このやり方は山田宏一との対談『たかが映画じゃ

ないか』（78年・文藝春秋）でも踏襲してます。カヴァーから対談が始まっている。谷川俊太郎さんの『谷川俊太郎エトセテラ』（79年・大和書房）はまえがきに当たる文章をカヴァーに刷りました。〔三六頁参照〕それでオビなし。

　オビなしの本には村上春樹さんの『ザ・スコット・フィッツジェラルド・ブック』（88年・TBSブリタニカ）と小坂一也さんの『メイド・イン・オキュパイド・ジャパン』（90年・河出書房新社）があります。村上春樹さんの本でもまえがき的な文章が通常オビのくる位置に刷られていますが〔二〇九頁参照〕、オビをはずしたのはそれが理由じゃなくて、題名が長いからなんです。どちらも題名を縦一行で入れたいと思ったんですが、オビに隠れて題名が最後まで読めないんじゃ困る。といって、題名をポキポキ改行したくない。どちらも著者がオビはない方がいいや、と言ってくれたので、そうなりました。

オビがつく本の場合、多くの場合がそうなんだけど、カヴァーの絵柄の下の部分、オビで隠れる部分は、隠れても支障のないようにする。まあそれが原則なんですが、時々アマノジャクなことをやってみることがあります。

最初は古山高麗雄《こまお》さんの『風景のない旅』（73年・文藝春秋）でした。内容は紀行文で大半はロシアのことです。ぼくは七〇年ごろロシアの旅をして、写真もいっぱい撮ったので、その写真を使おうと。でも風景をことさら出すのは「風景のない旅」というタイトルとそぐわないと思ったんです。そこでひらめいたのは、風景はオビの下に隠しちゃおう、ということでした。で、著者名と題名をロットリングで描きました。パールトーンのベタにスミで描き文字を置いて、それだけ。でも、オビをとると、モスクワにある有名な寺院の写真が現れる、という仕掛けです。それにしてもオビのついた状態で見ると、まったく愛想がない。担当の萬玉邦夫さんも、一瞬茫然としてたみたいだけど、萬玉さんは自分も装丁が得意な人だから、ぼくの意図もわかってくれて、これでいきましょうということになったんです。

同じころ、吉行淳之介さんの『一見猥本風』(73年・番町書房)の装丁をしました。これは吉行さんの短篇集で、男と女の性的な関係を描きながら、奇妙な結末を持つ作品を集めたものです。四六判ハードカヴァーの普通の造本ですが、ブルー地にして背に糸かがりを白ヌキで描いて、和綴じの本みたいにした。下の方にヌードっぽい女性を漫画ふうに描きました。この人物もオビで隠れてます。オビを解くとハダカが出るという洒落で、題名にひっかけてちょっと艶っぽくしてみたんですが、ぼくの描く女性だからぜんぜんセクシーじゃありません。しかしオビの下に隠れてる、という効果は面白いものだったと思います。

このほかに、ボブ・グリーンの『十七歳』(88年・文藝春秋)という上下巻の小説があって、これに五人の登場人物をスケッチ風に描いたんですが、五人ともオビの下に隠れるようにしました。この場合は隠れる意味は特にないんですけど、オビがかかっていると、著者名、訳者名、題名しか見えない、という文字だけのカヴァーです。オビをとると初めて絵が出てくる。

マイケル・シェイボンという若い作家の『ピッツバーグの秘密の夏』(89年・早川書房)の場合は、ほぼ同じ手を使ってるんだけど、オビをとって下を見てもらう工夫をしてみました。これもオビがついていると著者名、訳者名、題名だけが見える。この場合は日本題と原題の両方を入れて、文字に色を豊富に使って派手めにしてあります。で、オビの上にちょっと何かが出てるという仕掛けを作りました。何だろう、と思ってオビをとると、ピッツバーグの風景の写真と、主人公らしき人物の絵が出てくる。オビの上に、ちょっと出てたものは、風景の中の高いビルなんですね。高いからオビよりちょっと上にはみ出す。そのはみ出し方で、興味をひくようにしてみた。実際は、どのくらいの読者の興味をひいたかはわからないんですけど。

今挙げたのは特殊な例でありまして、ほとんどの場合、オビの下には何もないか、あっても絵の下の方の部分にしています。

3　谷川俊太郎さんの本

谷川俊太郎さんはぼくが学校を卒業してまもなく知り合いました。寺山修司は学生時代からの知り合いで、寺山修司・湯川れい子編『ジャズをたのしむ本』（61年・久保書店）というのがぼくの装丁第一号でした。たしか寺山が谷川さんを紹介してくれたんだと思うけど、はっきり憶えてない。谷川さんも「どうだったっけ」なんて言ってました。で、谷川さんの書くものに挿絵を描いたりしていて、『アダムとイブの対話』（62年・実業之日本社）という谷川さんのエッセイ集が装丁の第二号になると思います。

谷川さんとはその後、絵本を何冊も作りました。絵本にももちろん装丁があるんだけど、絵本はおおむね全ページ、フルカラーで絵を描きますので、表紙まわりも中身のつづきという気持で、あまり装丁という意識をしないことが多いですね。

谷川さんとの絵本では『これはのみのぴこ』（79年・サンリード）というのがあって、マザー・グースにもある積み上げ歌というんですか、始めに「これはのみのぴこ」という一行、次に「これはのみのぴこのすんでいるねこのごえもん」というふうにどんどん増殖し

てゆく、ことば遊びの詩。どの見開きにも「これはのみのぴこ」という一行が出てくるんだけど、のみが主人公のお話というわけではないんですね。ですから表紙にのみの絵を描くんだけど、あからさまにのみと思えないような描き方にしました。つまり点だけを描いて、人間の手が指さしている。それが表紙で、腕から身体にかけては裏表紙につながっている、というふうにしてあります。

あかね書房から出てる童話のシリーズもあるんですが、『けんはへっちゃら』（65年）に始まって『しのはきょろきょろ』（69年）、『とおるがとおる』（76年）、『せかいはひろし』（78年）の四冊。絵が多いから童話の本に挿絵をつけた、というより絵本を作る気分でしたけど。

初期のころは子ども向きのお話に挿絵をつける仕事をよく頼まれたんです。当時の童話は町に住む現代の子どもが主人公でも、家を出ると小川が流れてて、蝶々が飛んでるというようなのばかりで、違和感を持ってたんだけど、『けんはへっちゃら』のけんは団地に住んでて、両親は共稼ぎ、しかも道で拳銃を拾う、というハードボイルドな展開で、ぼくの童話に対する不満を一気に解消してくれたんですね。

で、頑張って絵を描いたわけですが、表紙は野球帽をかぶったけんの正面向き、裏表紙は後ろ姿にしました。『しのはきょろきょろ』の場合は表紙を右向きのしのに、裏表紙は左向きのしのにしてあります。

『しのはきょろきょろ』は小さい女の子がデパートで冒険するお話で、谷川さんに伊勢丹をイメージしたときいたから、伊勢丹にスケッチに行ったんです。デパートの内部って、想像だけでは描けませんね。主人公のしのですけど、ぼくはまだ独身でしたが、立木義浩さんちの長女がちょうどお話の女の子の年ごろだったので、たっちゃんの家に行ってスケッチさせてもらった。ですから髪の毛や着てるものは当時の彼女のスタイル。彼女は「これは私の本」と言っていつもランドセルに入れていたそうです。

谷川さんのエッセイだの詩だの、いろいろ詰まった『谷川俊太郎エトセテラ』（79年・大和書房）という本があります。カヴァーには谷川さんらしき人物がいて、頭の中から矢印が出てる。机の上にも何だかわけわからないものが置いてある、というふうにして、下に――ちょうどオビに当たる部分に――まえがきふうに「エトセテラ」という言葉についてのエッセイをレイアウトしました。したがってオビのない本ですね。

『アルファベット26講』（81年・出帆新社）は、Aで始まる単語、Bで始まる単語を一つずつ選んで、その言葉から連想したエッセイを書くというコラムを「スチューデント・タイムズ」に谷川さんが二十六回連載をした。ぼくが絵をつけたんですが、六〇年代の初めごろの話で、ぼくが谷川さんと組ませてもらったごくごく初期の仕事になります。これは『アダムとイブの対話』に収録されていたと思いますが、この項目だけを十九年後に本にしたわけですね。ゲラ刷りにあった小さな文字から拡大して題名と著者名を置いて、馬の絵を切り紙で作って、全体をコラージュふうに仕上げました。

この本は八六年に中公文庫になったんですが、その時はタイトルまわりの字はそのまま流用、イラストレーションは初出の新聞の時のぼくの絵を使いました。若書きというか、まだ下手糞な絵なんだけど、ちょっと拡大してカヴァーに使ったりすると、それなりに味が出るんですね。懐かしさもあって個人的には好きな仕上がりになりました。

谷川さんは詩人ですから、当然詩集がたくさんあるんですけど、大人の詩集の装丁はぼくはやってません。子ども向けのが二冊あって、一つが『どきん』（83年・理論社）、一つが『いちねんせい』（88年・小学館）。

谷川さんのは子どものための詩であっても、いい子いい子ではなくて、うんこの話だの「あいしてる」だのが出てきてとてもいいんです。『どきん』では、びっくりしてる子どもの顔とビビってるハートをちょっと象徴的に描きました。『いちねんせい』はほうきに乗って男の子と女の子が一緒に空を飛んでるところ。どちらもロングセラーになってるんじゃないかな。

それから『マザー・グース』があります。谷川さんがマザー・グースを訳し始めたころ、何篇かを「ユリイカ」に発表して、それに挿絵を描きました。その後たくさんの訳をして草思社が本にした時は堀内誠一さんが絵を描いています。その数年後に、さらに訳を増やして講談社文庫で四冊出たわけですが、この時はぼくが絵をつけました。訳詩と一緒に原詩も読んだし、平野敬一さんの解説も読んだので、マザー・グースをずいぶん勉強したことになります。

カヴァーは一冊目がハンプティ・ダンプティ、二冊目がマザー・グースのおっかさん、三冊目が笛吹きジャック、四冊目が「誰がコマドリ殺したの」の絵をそれぞれの巻に収められている詩の中から選んで描きました。四冊まとめて箱入りにしたものも作

ったんですが、文庫ですから贅沢なものはできません。厚紙のシンプルな作りで二色刷り。挿絵をたくさんちりばめました。四冊分ですから箱にかなり幅が出ます。ですから箱の背はもちろん、上底にも下底にも絵を入れました。楽しい箱になったと思います。

この四冊が単行本になったんです。普通は単行本が文庫になりますね。これは文庫が先に出て、次に単行本、という珍しいケース。文庫の二冊目に描いたマザー・グースのおっかさんは、全巻の共通シンボルにもなりますので、四冊通してカヴァー裏に、カヴァー表は一冊目が猫とバイオリン、二冊目がロンドン橋、三冊目四冊目は笛吹きジャックと「誰がコマドリ殺したの」で文庫と同じ、ただし絵は描き直しています。全部ロットリングの線画に色指定です。

谷川さんの著作の中でも風変わりなのは、『谷川俊太郎の33の質問』（80年・出帆新社）という本。これは谷川さんが用意した三十三の質問にいろんなジャンルの人——詩人とか女優とか作曲家とか絵描きとか——が答えるというもの。大半はライヴの記録です。ぼくも渋谷のジァン・ジァンに出ました。形式としては公開対談なんだけど、質問と答だけで進行してゆくから、不思議な感じ。質問は「金、銀、銅の中でどれが好きですか」とか、「〃やさしさ〃を定義して下さい」とか、まあ詩人らしい質問なんだけど、答える方は悪戦苦闘と言いますか、苦しんで答える様子がライヴでは受けるみたいなところもあって、ぼくも人前でしゃべるのは慣れないのでつらかったんですが、それなりに面白かったもので

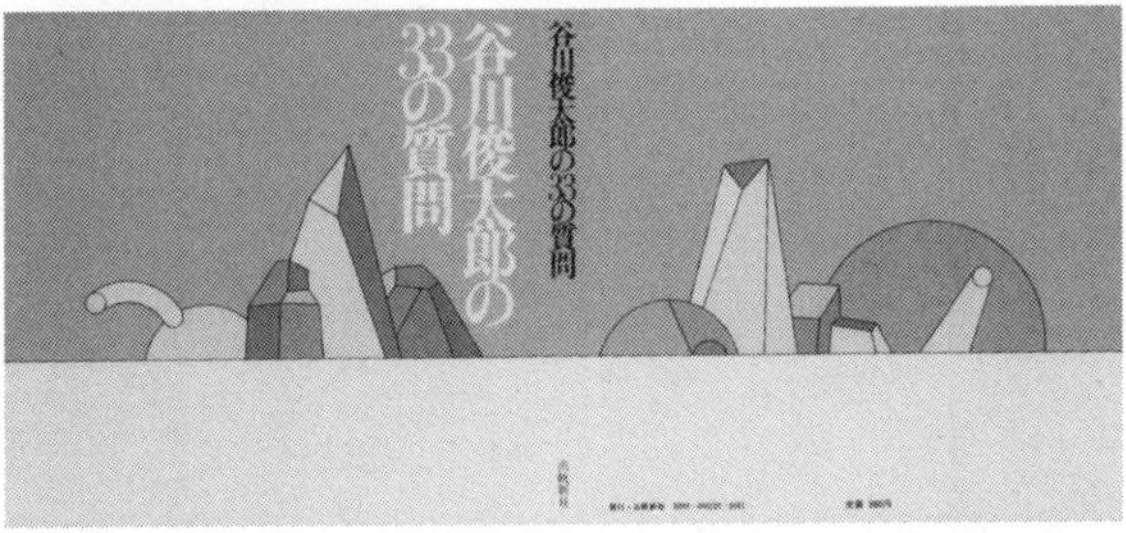

す。

それがまとまって本になった。質問もさまざまなら答える人もさまざまなので、装丁にも具体的な絵は描きにくい。それで直線上に奇妙な物体が並んでいるという抽象的な図形を描きました。定規とコンパスできちっと描いたんですが、表紙と表紙裏とそでにもつながっています。スミ線に黄色とブルーの特色を指定。三色刷りです。重なるところがグリーンになるので、四色の効果になるようにしてあります。

で、この物体、面を数えると全部で三十三あるんです。数えた人はいないだろうから、誰もそんなこと気がつかない。まあ描いた本人だけが納得してるんですけどね。

谷川さんとのいちばん新しい仕事は『いろはうた』(97年・いそっぷ社)です。これは谷川さんらしい言葉遊びによるいろはがるたで、谷川さんの詩集に収められたものを「話の特集」でぼくが絵をつけ、そののち単行本にしました。「かるた」ですから、谷川さんの言葉を字札に、ぼくのイラストレーションを絵札にして、まったくいろはがるたの形式で絵本にしたものです。カヴァーは丸に「い」を入れて「いろはうた」というタイトルの肩に置き、字札の形にしてあります。一ページ目も丸に「い」と「いろはうた」の文字、三ページ目に丸に「た」と谷川俊太郎、丸に「わ」と和田誠を、それぞれ字札のようにしている。写植の文字は教科書体で、ぼくは普段は教科書を思い出すせいか、この書体が嫌いなんですけど、いろはがるたらしさを出そうと思って使いました。かるただと教科書くささが消えて気にならないんですね。まったく久しぶりの、谷川さんとの仕事でした。

4　文字について

文字を書くことは好きです。いや、手紙の字なんかは下手なんですよ。今言ってるのは描き文字のこと。子どものころから遊びのつもりで描いてました。特に中学からです。映画が好きになって、映画の広告に関心を持つようになったんですね。映画の広告はたいてい題名が描き文字になってます。

昔の新聞はページ数も少なくて、広告のスペースも小さかったんです。ほんとに小さな映画の広告がよくありました。その中で描き文字が目立つんですね。ぼくは真似をして、「大平原」だとか「オクラホマ・キッド」なんて字を描いてたわけです。だいたい囲み文字で、一筆描きでササッとやる。同級生が面白がったり感心したりするので、調子に乗ってたくさん描きました。カタカナややさしい漢字はいいんだけど、「腰抜け二挺拳銃」なんてのになるとむずかしくて。それでも挑戦して描いてるとだんだんうまくなります。

ちょっと凝った字、影つきのやつとか、立体になってるやつ、歴史大作なんかでよく使う、字が城壁みたいになってるやつ、そんなのも描いてみる。そのパロディみたいなもので、煉瓦がくずれるみたいに文字がくずれてるのとか、そんなのも面白がって描く。

これがぼくの描き文字の原点です。いまだにそれをひきずってる。『お楽しみはこれからだ』なんて、初期の囲み文字のスタイルです。

描き文字だけではなくて文字全般に関心を持つようになったのは美術学校に入ってからでしょう。グラフィック・デザイナーになろうと思って勉強したわけですから、デザインの要素としての文字の重要性は当然わかります。したがって活字の書体、写植の書体を研究します。研究と言ったって学問的に研究するというんじゃなくて、描いてみるんです。活字の通りに描く、写植の通りに描く。

写植は新しいものでした。ぼくの学生時代に、ようやく定着しはじめました。活字は一種のハンコです。ハンコは朱肉をつけて押しますが、ハンコの出っぱってる部分に赤い色がついて、それが紙に転写されるわけですね。活字は出っぱってる部分に印刷用のインクがつく、という理屈です。大きい字は大きな活字、小さい字は小さな活字でなりたってます。一方、写植というのは写真植字を略した言葉です。写真と同じ、ネガを使います。文字がネガになってる。それをレンズによって拡大したり縮小したりして使います。一枚ネガがあれば字の大きさはいかようにもなるわけですね。

活字も写植も、大まかに分けて明朝体とゴシック体があります。ゴシックというのはゴシック建築などのゴシックですが、印刷業界ではゴチックと呼ぶ人が多いです。角ゴチと

お楽しみはこれからだ

か丸ゴチとか言います。ゴシック体にも角ばっているものと丸っこいのとある。それに教科書体だの隷書体だのバリエーションとしてありますが、通常使うのは明朝とゴシック。欧米の書体は種類がたくさんあって楽しいですけど、日本にはそれほど書体の数はない。なにしろアルファベットは二十六字しかないですから、大文字小文字に数字、それにいくつかの記号、記号というのはクエスチョンマークとかピリオド、コンマのたぐいですが、全部合わせても百に満たない。だからいろんなデザインをする余裕があります。それに対して日本の場合は、ひらがな、カタカナ、漢字を合わせるとものすごい数になる。数字も算用数字と漢数字がありますし、どうしても欧米の書体に比べて種類がたくさんは作れません。特に活字の場合は大きさによって別の活字を作るわけですから、種類が多いと大ごとになります。活字をストックしておく場所も考えないといけない。

その点、写植は一枚のネガですみますから、書体の種類もいくらか豊富になってきました。とりわけカタカナ、ひらがなは新書体がたくさん生まれてます。いろは四十八文字に濁点、半濁点つきのやつ、拗音、促音まであれば仮名はできるわけですから。ただし新しい書体がカナだけだと、従来の漢字と組み合わせなきゃならない。これはあまりうまくいかないです。広告のキャッチフレーズなどでは平気でやってる場合が多いですが、漢字とカナが違う書体で並んでるのは、ぼくはとても気持悪く感じる。わざとそういう狙いでやる場合は別ですけど。

ぼくも写植文字を作ってみないかと言われたことがあります。田中一光さんが、和田がいつも描いている文字が面白いから写植にしてみないか、と写植会社のモリサワに提案してくれたんです。実はぼくは自分の文字が、それほど個性的だと思ったことはないんです。というのは、映画の広告の文字、つまり映画会社の宣伝部の人が描いた文字を真似するのが出発点でしたから。でも三十年も四十年も描いてると、それがいつのまにか自分流になっていたのかもしれない。

で、この字が写植になるのは面白いと思いました。写植は市販されるものですから、この書体は自分に属してる、とは言えなくなります。しかし、見知らぬデザイナーが使ってくれることを想像すると、それもなかなか素敵なことなんじゃないかと思ったわけですね。

そこでまずカタカナ、ひらがなを描きました。それから数字とアルファベットを描きました。そこまでは楽なんです。モリサワの人はそこまででいいと言ってくれた。でもぼくはさっきも言ったように、クセのあるカナに従来の漢字を混ぜて使うのが嫌いです。それで漢字も描きますと言いました。

しかしぼくは考え方が甘かった。漢字の数を少なく踏んでいたんです。もちろん存在する漢字の数の多さは知ってますよ。けれど、現在の写植の場合、使う頻度の多いものだけ、例えば当用漢字を揃えておけば成立するんじゃないかと思ったんです。ところがモリサワさんに言わせるとそれは違う。それだけじゃまず人の名前で困っちゃうんだそうです。当用漢字外の名前をつけてる人、とりわけ昔の人の名前、芸能人とかお相撲さんの名前はむずかしい漢字が使われてることが多い。あの人の名前は打てるけどこの人はパス、っていうんじゃ写植にならない。カナだけっていうんならいいけど、漢字も、となると最低六千字は必要、ということだそうです。ぼくはそれでもやってみると宣言したんですけど、毎日文字を描いてるわけにいかないんで、まだ数百字でストップしてます。少しずつ増えてはいるんですが、六千字に到達するのはほど遠いです。

なんてことしてるうちに田中一光さんが「光朝」という明朝体を作りました。これは非常に格調の高い、シャープな明朝です。

田中さんは昔からお能のポスターなんかで、きれいな明朝を描いていましたから、それの集大成ということですね。従来の活字の明朝が基本ですが、それをスッキリ整理している。六千字という条件は同じだけど、きちっとした字だから、ある程度システマティックに分業で作ることもできたんだと思います。漢字は部首、ヘンとかツクリとかカンムリとか、の組み合わせで成り立ってるわけですから。もちろん字画の違いでバランスに変化はあるけれど、分類してシステムを作ることも可能だったんじゃないか。

その点、ぼくの字の方は、むずかしいんですね。例えば「海」と「桐」という字を描いたとして、ヘンとツクリを入れ替えて「洞」と「梅」にする。きちんとした活字だとそれでも成立すると思います。ぼくの字は気分で描いてるようなものですから、入れ替えるとバランスがおかしくなっちゃう。

これはね、タイポグラフィとカリグラフィの問題なんです。タイポグラフィというのは活字や写植を組むことです。カリグラフィというのは書道です。ぼくの描き文字は書道とは言えませんが、この際、手描きの文字ということで一緒にさせてください。壁の落書きなんかもカリグラフィと考えます。

で、活字というのは、どんな文字がどう並んでもおかしくないように設計されてます。日本語の場合には縦に並んでも横に並んでもいいようにできてる。これはなかなか便利です。

カリグラフィの方はどうか。書道の先生が「初日の出」と見事に書いたとします。これを一字ずつ切って横に並べたらどうだろう。上手な字に見えるかどうかよくわからない。あるいは並べ替えて「出初の日」にしたら。これも立派な書道に見えるかどうか疑問です。つまりカリグラフィの場合は、一字ずつではなく、言葉なり詩なり、ひと続きの文字のバランスが勝負、というところがあります。

ですからぼくが描いた「お楽しみはこれからだ」を好きなように使って下さいと誰かに渡して、その人がこの中から字をとり出して「これは楽だ」と組んだとすると、やっぱりおかしなバランスになるかもしれません。

そういうこともあって、ぼくの描き文字の写植というのはなかなかむずかしい。それでも、写植にするつもりで描いた文字のストックがあるので、これを複写して拡大したり縮小したり、原始的な写植といった方法で切り貼りして題字に使った装丁もいくつかあります。

平野レミ・料理パレード

どう組まれてもいいように気をつけて描いてるつもりなんですが、それでもやっぱりタイポグラフィとカリグラフィの中間なんですね。一度組んでみてバランスが悪いと、修正を加えたりしてます。手間がかかるので、このままじゃ六千字描いたとしても市販の写植にはなりにくいですね。

「光朝」はぼくの好きな書体なので時々使わせてもらっています。ただしカナは従来のものと組み合わせなければいけない。新書体のカナに従来の漢字を組み合わせるという、さっき言ったことの逆の現象になるんですが、光朝は基本的に明朝ですから、明朝のカナと合わせるのは違和感はありません。ありませんが、やはり光朝のクオリティは格別なので、これにもっとぴったり合うカナがあるといいなとは思っています。で、ぼくが光朝を使う場合、できるだけ、『秋日和　彼岸花』(95年・夏目書房)のような漢字だけの書体のときにしてるんですけど。

さっき自分の書体を修正しながら使うと言いましたが、普通の写植を使う時に修正することもよくあります。どう組んでも違和感がないのがタイポグラフィの原則と言ったばかりですけど、組み合わせによって、一字だけちょっと大きく見えたりすることがあります。そういう場合はその一字だけ九五パーセントくらいに縮小してみる、ということをします。かなでは特に「の」が大きく見えることがよくあります。ですから「の」を少しだけ縮小して使うことが多い。そういうことは日常的になっているので、この装丁でそれをやってる、と実例を出そうと思っても、どれがそれかよく憶えてない、というくらいのものです。田村義也さんの『のの字ものがたり』というご自分の装丁について書かれた本がありますが、田村さんも「の」にいろいろ気を遣っておられることがわかります。

日本の字は基本的に正方形の中に収まるようにデザインされています。「の」もカナでは正方形の中でかなり面積をとっている字です。それに比べて「り」は縦に細長いし、「へ」は横に長い。漢字だと「国」は当然四角いし、「鬱」なんていう字は四角いっぱいに複雑な文字が入っていますが、「一」だと極端にシンプルだし横に細長い。こういう文字を普通に並べていくと、バランスが悪くなることがあります。日本の活字は縦にも横にも組めるところが便利なんですが、それが禍いすることもあるんですね。

アルファベットの場合、「I」は縦に長い。「W」は横幅をとっています。しかし欧文の活字は天地の長さは同じで、横幅は細いものは細く、幅があるものは広く作られています。これは欧文は縦に組まれることがない、という特徴から生まれた方式です。ですからWが二つ並んでも窮屈すぎることはないし、Iが二つ並んでもあきすぎることはありません。ところが日本の活字や写植の場合、例えば「丸谷才一」と縦に組むとすると、「一」の上下にあきがありますから、「谷」と「才」よりも「才」と「一」の間の隙間が大きくなります。極端に言うと「丸谷才・一」のような印象になる。それは避けたいので、「一」をちょっと上に寄せてバランスをよくします。

現在は写植を切り貼りしたり、最初からつめて打ってもらったりするのが当たり前になりましたが、写植がまだ新しいものだった時代には、そういうことを考える人はいませんでした。それをやり始めたのは杉浦康平さんだろうと思います。今から四十年くらい昔の話です。あのころは字間をあけて打つことはあっても、つめるということがなく、たいていはベタで打ったものをそのまま印刷に回していました。ところが文字によって隙間が違いますし、漢字に比べるとカナは小ぶりです。漢字が続くところとカナが続くところではどうもバランスが違う。杉浦さんはそれが気になったんですね。で、写植の紙焼きを鋏で切ってつめてみた。具合がいい。欧文の活字と同じ理屈になったわけです。ただし写植を全部切ってつめるのだから大変です。小説なんかでそれをやるわけにはいきません。この方式はポスターのたぐいに限られるわけですが、それでもデザイン界では画期的なことでした。ぼくもたちまち影響を受けました。

当時は写植を打つ段階でそれをやる人はいなかったので、デザイナーが写植を切り貼りしていたんですけど、だんだん写植のオペレーターも上手な人が出てきて、字間を加減するようになりました。

ただし、今、ぼくが気になっているのは逆の現象です。字間をつめるという行為が行きすぎになって、ギュウギュウつめて息苦しいタイポグラフィが多くなったこと。スカスカも困るけど、ギュウギュウで

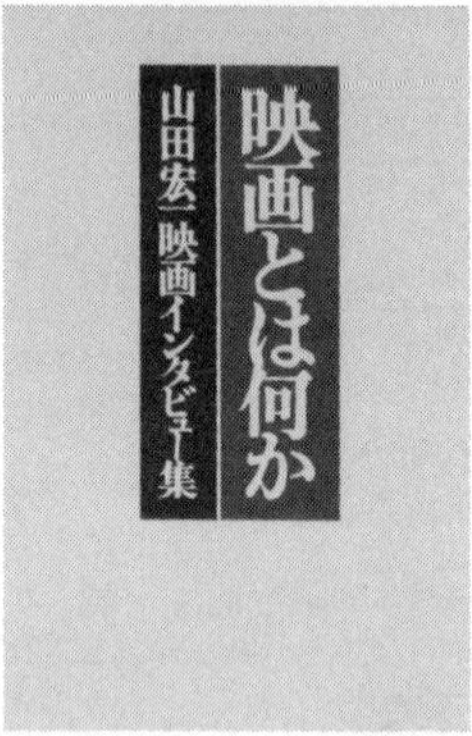

読みにくいのはもっと困ります。

本のタイトルなどでは、ぼくもわざと字間をつめて、字と字がくっつくようにすることもありますけど、本文でそれをやっちゃいけません。PR雑誌なんかでよくそういうのを見かけますけどね。

描き文字の話をしましたが、あれはぼくの漫画っぽい書体。そうではなくて一見活字や写植のように描いてみることがあります。ほとんど活字や写植に近く描くんですが、手作業ですからどうしても活字や写植そのものとは違う。それがちょっとした味になって、いい効果を上げることがあるので、いくつかの装丁で使っています。例えば山田宏一『映画について私が知っている二、三の事柄』『映画とは何か』。丸谷才一『日本文学史早わかり』『恋と女の日本文学』、『樹影譚』などです。

たいてい活字明朝に似せて描くんですが、参考にするのはかなり昔に多摩美術大学で編纂した「活字」という冊子です。これは滅びゆくであろう古いスタイルの大型活字の明朝とゴシック両方を集めて、字画で分類して刷っただけのものなんですが、たいていの文字はこれに載っていますから、これを見て、あるいはなぞって描く。複写して貼りこんでもいいんですけど、それじゃあぼくには面白くないんですね。微妙なところを自分で修正しながら描いていくところがいいんです。

ほかには活字——初号の活字〔活字の中で最大のもの〕を必要に応じて買って、あるいは印刷屋さんに頼んで頂戴して、それを手でインクをつけて押す。紙の種類やインクのつけ方、押す時の力の入れ方などで、字が違ってきます。うんとにじむこともあるし、かすれることもある。面白いのを選んで拡大して切り貼りして、本のタイトルにします。丸谷才一『桜もさよならも日本語』〔八三頁参照〕とか、邱永漢『中国人と日本人』とか、関容子『花の脇役』とか、吉村昭『街のはなし』などでこの手法を使いました。にじみ方、かすれ方の違いを、それぞれの本の性格に反映させるようにしているつもりです。

あと、そうですね。写植を部分的にいじって、描

き文字ふうの効果を出す、なんてことをすることもあります。ヘンを明朝、ツクリをゴシックにして、明朝とゴシックが合体した文字を作ってみるとか、文字の一部を記号にしてみるとか。安倍寧『ショウ・ビジネスに恋して』(96年・角川書店)という本のタイトルは写植のゴナ(極太のゴシック体)を使ったんですが、「ビジネス」の濁点を写植の星にしました。そして「恋」の上のチョンチョンをハートにしました(二五八頁参照)。こういうやり方も本の内容によっては効果を上げると思います。

アルファベットふうに日本の文字を描いてみることがあります。『ニューヨーカー物語』(85年・新潮社)というのもそうなのですが、これは雑誌「ニューヨーカー」の作家や編集者たちについて書かれた本です。ぼくはニューヨーカー派の作家たちが好きですし、この雑誌に載る漫画も好き、表紙、とりわけスタインバーグが描いた号なんか大好きで、New Yorker というロゴも好きなんですね。ですから『ニューヨーカー物語』と日本語になってはいても、写植じゃもの足りません。この題名を New Yorker のロゴみたいに描きたくなる。日本字とアルファベットじゃまるで違うので、無理ではあるんですが、カタカナだといくらか気分を出すことができます。で、一所懸命にもとのロゴに似せて「ニューヨーカー」と描きました。そのことに気づいてくれる人はあまりいなかったみたいですけど。

丸谷才一・永川玲二・高松雄一共訳の新しい『ユリシーズ』(三巻・96年~97年・集英社)もタイトルとジェイムズ・ジョイスをアルファベットふうに描きました。これはもともとが凝りに凝った文学ですし、翻訳も三人のライフワークのような作業ですから、装丁だって気楽にはできない。今は文字のことだけを言いますが、題名の文字に格調が欲しいし、ユニークでもありたいと考えました。担当編集者の船曳さんともたくさん打合わせをしました。

「ニューヨーカー」物語

彼女もこの本には滅法思い入れがある。彼女の考えもずいぶん聞きました。具体的にこういうデザインをしてくれとは言わないんだけど、この作品に対する考え方をたくさん喋ってくれたことがずいぶん参考になったんです。「ユリシーズ」関係の本はイギリスでたくさん出ています。それらの本を見せてもらった。文字だけのものもあるし、具象的な絵が描いてあるものもあります。象徴的なカットのついているものもある。文字中心のものがいいんですね。Ulyssesという書体もいろいろですが、いいな、と思うのが一つありました。でもその書体をそっくり頂戴するのもシャクだから、気分は近いが書体としては違う、というものを欧文タイプフェイスから選びました。著者名と題名をそれで組んでみる。なかなかいい文字の並びになりましたが、アルファベットなので、それはカヴァー裏に回すことにする。で、この書体に近いカタカナを描く、という作業になるわけです。

選んだのはローマン系の書体ですからセリフがあります。この場合のセリフ

ジェイムズ・ジョイス
ユリシーズ

は芝居のセリフとは違いますよ。印刷関係の用語。AでもTでも足に靴をはいてるようになってるでしょ。あの出っぱりをセリフと言います。日本の字にはないものなので、これを不自然にならないように、カタカナに取り入れる。下手するとしつこくなります。「ユリシーズ」は五文字だからうまい具合にできました。著者名はどうするか。ジェイムズ・ジョイスは結構長いです。しつこくなりかねない。で、初めは著者名の方は写植でやってみました。いろいろな書体で試みたんですが、ぼくが描いた「ユリシーズ」の字とどうもしっくりいかない。それでこちらも同じような書体で描くことにしました。大きさのバランスを考えて、収まりをつけました。

縦組はちょっと厄介です。アルファベットを縦に組むと妙な感じになるでしょ。本来日本語は縦組に合うはずなんですが、この場合はアルファベットを真似て描いた字ですからそのままじゃ縦に組めないんです。で、字によってバランスを変えて縦組用に描き直してから組みました。

本ができてからこの文字については批判した人もいたそうです。日本文字の筆法にのっとってない、と言うんですね。日本字は筆で書きますから、一のような横棒は斜め上から入って水平に引いて、斜め下で収めなきゃいけない。活字の明朝はそういう筆使いを原型にして出来上がってます。この場合はそれを無視してる。でもこの字の原型はアルファベットですから、むしろペンですね。さっき言ったセリフもペンの特性から生まれたものなんでしょうね。そんなわけで、まあ許してもらってもいいのかなあ、と思っています。

ぼくのマンガふうの描き文字でない、活字的描き文字を使って、しかも絵を入れないデザインの場合、「和田さんの装丁らしくありませんね」と言われることもあります。それでもいいとぼくは思っています。ぼくが手がけた装丁に見えるということよりも、その書物に合った装丁をするということの方が大切だと思うんです。

5　装丁の依頼

装丁の依頼は各出版社の担当編集者から来ます。それは当たり前のことですけど、たまには著者から直接電話がかかってくることもあるし、編集者に「著者の先生が是非頼んでくれとおっしゃっています」と言われることもあります。知人友人が編集者を紹介してくることもあります。小さな出版社やこれから出版社をおこそうとしている人など、きわめて控え目に遠慮がちに頼みにくることがありますが、こちらは出版社の規模を見て引き受けるんじゃなくて、あくまで書物の内容がぼくに合っているか――いやこの言い方はナマイキですね――ぼくのデザインのやり方でその書物を生かせるか、ということから判断しているつもりです。

とは言っても、ぼくにはできませんと断ることは滅多にないんです。断るのはたいてい物理的に無理な時ですね。あまりにも締切まで時間がないとか、ぼくが長期の旅行に出ちゃうとか、映画の撮影に入るとか、特殊な場合。装丁の仕事は好きですから、なるべくお引き受けしています。締切期日がちょっときついなあと思っても引き受けてしまって、後

悔することもあるくらいです。

編集者の方も、これはあいつには向かないだろうという仕事は依頼しません。まずはそのデザイナーのそれまでの仕事を見るでしょう。で、こういうタイプの本が向くな、と判断する。ぼくの場合は軽めのエッセイが向くと思われることが多いようですね。それから、あいつは映画が好きだ、ということで映画関係の本。

人によっては冒険をしてくれることもあります。思いがけない題材のものを頼んでくれる。『パパラギ』（81年・立風書房）というのは南の島サモアの酋長がヨーロッパを旅した時の手記です。たくまざる文明批評になっている。『ちろりん村顛末記』（80年・朝日新聞社）というのは雄琴のトルコ風呂街のルポでした。『エコロジカル・ダイエット』（92年・角川書店）は文字通り、地球環境、生態系の観点に立った食生活の本。ぼくはいろんなタイプの仕事をやりたい人間なので、こういうやったことのないテーマを与えられるのも好きです。

しかし冒険をしてくれる編集者はたくさんはいないので、純文学の装丁をすることは数少ないです。美術大全集のような豪華な仕事はまずきません。「思想史」とか「進化論」

とか学問的なのもこない。「恐竜の復元」なんてやってみたいものですけど。「冥王星の研究」とかね。

スポーツは自分ではやらないし、見ることもしないので、編集者にもそういうことはわかられちゃうのか、スポーツ関係の仕事はほとんどありませんが、『ザ・ダッグアウト巨人軍』（78年・徳間書店）という本を頼まれた時はびっくりして、面白がってデザインしました。

玉木正之さんが虫明亜呂無さんのスポーツ関係のエッセイをまとめた三冊の本『肉体への憎しみ』、『野を駈ける光』、『時さえ忘れて』（いずれも91年・筑摩書房）の場合は、玉木さん自ら打合わせにぼくの仕事場まで来てくれました。「スポーツは知らないけれどいいですか」ときいたんですが、玉木さんは逆にそれがいいんだと。虫明さんの文章はいわゆる体育会系のものとは視点が違うんだから、ということでした。玉木さんは虫明さんの文章に傾倒している方ですが、生前虫明さんに会ったことがなかった。ぼくの方が虫明さんを個人的に知っていた。そんな関係もあって、引き受けたわけです。玉木さんの期待に応えるべく、一所懸命やりました。応えられたかどうかはまた別の話ですけど。

最近は『セナ』（96年・早川書房）をやりました。レーシング・ドライヴァーのあのセナについての対談の本です。早川書房の村上達朗さんは「和田さんはカーレースなんか見たこともないだろうし、セナについてだって知らないでしょう」と言ってから、『セナ』という本ならセナのファンは買うだろう、でもファンでない人、カーレースをよく知らない人にも購買層を広げたい。今までもセナの写真を装丁に使った本はいくつも出ているが、今度はそれとは違ったタイプの本にしたいのでセナの肖像をあなたのタッチで描いてほしいんだ、と説明してくれた。ぼくは知らない世界の本なので尻ごみしかけていたけど、引き受けたくなるような説明のしかただったわけです。

あとはそうですね、機械工学の本なんてやったことがない。コンピューター関係なんかお手上げだと思っていたんですが、最近、海老沢泰久さんの『これならわかる パソコンが動く』という本の表紙をやりました。これは書籍ではなく、マニュアルだったんですけど——つまりコンピューターを買うとついてくる説明書ですね——変わったマニュアルができたってことで新聞や雑誌に取りあげられて、独立しても市販されるようになった、という珍しい経緯を持った本なんです。

電気製品などのマニュアルはたいてい文章がひどくて、専門用語が多くて、素人には理解できないものが多い。とりわけパソコンはそもそも初心者にとってむずかしいものなのに、マニュアルがむずかしいからどうにもならん、ということを朝日新聞の川村二郎さんが海老沢さんに話したらしい。海老沢さんが、じゃ俺が書いてやろう、と——海老沢さんもパソコンを使ったことがないのに——受けて立って、プロに教えられながら自分でマニュアルを書いたわけです。

ところがマニュアルの表紙というのも、だいたいタイプが決まっている。せっかく海老沢さんがわかりやすいマニュアルを作っても、表紙がいつも通りじゃ読んでもらうきっかけができない。というので、海老沢さんじきじきに表紙のデザインを頼まれました。ぼくもパソコンなんてわけわからないんだけれども、試みが面白いので喜んで引き受けたんです。

これはNECの仕事でした。ぼくは富士通の広告を少しやってます。普通広告の仕事って一業種一社というのが原則になっているので、その側面からはちょっとまずいんですけど、マニュアルの表紙は広告とは違うし、この場合は書籍の装丁と同じ気持の仕事で、書籍の場合なら文藝春秋も講談社も新潮社

もやって何の問題もないわけですから、まあいいだろうと。

こんなふうに著者に口説かれたり、著者と打合わせをすることもありますが、たいていの場合、打合わせは担当編集者と行います。よくわかってる著者の本やシリーズ本の場合はFAXの依頼だけでやろうと思えばやれますが、原則はやはり顔を見ながら打合わせをする。お互いに気心が知れた方が仕事はやりやすいです。

初めて頼みにくる編集者の中にはスケッチを出してくれ、とかA案B案を示せとか言う人もいますが、これは困ります。広告の世界ではそれが当たり前になっているけど、ぼくは広告の場合でもお断りしています。だってレストランに入って「カレーライスとハヤシライスと両方作ってくれ、うまそうな方を食うから」なんて誰も言わないでしょ。物を作るというのはそんなものじゃない。カレーライスもデザインもね。スケッチを描いてそれが気に入られるかどうか、A案B案出してどっちが選ばれるか、なんてのは他人の裁定です。人事なのは自分がどれだけ頑張るかということなんですよね。

アイデアが二つ浮かんだ時どちらにするか、そんなことは自分で決めたいとぼくは思っています。迷うこともあるけれども、それでも決定するのは自分でありたい。試験のようなもんです。Aという答とBという答を書いて、合ってる方に丸つけてくれ、っていうのは虫がよすぎる。第一、二つ答を出すんじゃあ力が分散してしまって、どちらもバツになりかねません。それよりもギリギリ考えて、これっきゃないという答を一つ出したい。さっきのレストランの例で言えば、まずいものを出したらそのお客さんは二度と店に来ないだろう。一品しか出さないけれど、できるだけおいしく作って当店の常連になってもらいたい。シェフや板前さんの心意気ってそういうものじゃないですか。ぼくも同じように考えるんです。

では唯我独尊でゆくのか、というとそういうわけでもないんです。板前さんも客の好みは気になります。だから編集者との打合わせが必要になる。本のサイズや締切日をきくだけなら、それこそFAXですむんです。とにかく仕事を引き受けたとします。そこで具体的な打合わせになります。

打合わせの時、どんな装丁を望んでいるのか、編集者にたずねます。「まん中にサンタクロースを描いて左右にヒイラギを散らして下さい」なんて言われても困るんだけど、そんな人はまずいません。スケッチを描いてきた人はいたけど、与えられたテーマをどのように解釈して、どんなふうに表現するかを考えるのがデザイナーの楽しみの一つなので、人の描いたスケッチに従ってデザインすることはまずないでしょう。

普通は編集者も心得ていて、「軽妙な短篇集ですから明るい色調のものがいいですね」とか、「自伝的エッセイですが、特に似顔を望んでいるわけではありません」といった話になります。

こういう時の注文でもう一つ困るのは、「内容が堅いですから、装丁はやわらかい感じでお願いします」とか、「地味な本ですから、カヴァーはひとつ派手に」とか言われることです。編集者の気持もわからなくはない。堅い本、地味な本は読者にとってとっつきにくく思われる。とすると、それは売れ行きに関係する。担当編集者としては一冊でも多く売れた方が嬉しいですから、店頭で目立つカヴァーを要求する、という気持。

ところがこちらの気持を言いますと、装丁は内容を正確に伝えるものでないといけないと思っている。堅い本は堅く、地味な本は地味に装丁したい。そうでないと看板に偽りがあることになるし、この装丁者は内容を理解してないと言われかねません。

そこで話し合いをします。編集者の気持もわかりますから、そんなこと言うならお断りしますとも言いたくないんです。そういう書物はおおむね真面目な著者が、真面目に取り組んだもので、内容が立派です。だから「立派」というところを強調したい。立派で堂々としたデザインをすればいいんじゃないか、といった意見をぼくが言うわけです。地味でも堂々としたデザインはあり得るでしょう。そういう装丁が店頭で光る、ということも大いにあり得る。派手だから目立つというわけじゃないと思うんですね。まわりにある本がみんな派手だったら、中に一冊地味な本があればそれが目立つでしょう。相対的なものですから。まわりに何が置かれるかはまったく予測できないけれども、地味でも沈みこまないデザインをすると約束して、納得してもらうようにしています。

編集者は本を作るカナメの人だし、著者にとっては読者の第一号です。それに著者や本の内容について熟知している人ですから、ぼくのような立場の人間にとっては著者の代弁者でもあります。

で、著者がどういうことを望んでいるか、編集者にたずねる。おまかせする、という答が多いですが、「題名は描き文字を望んでおられるようです」とか、「著者名があんまり大きい本は好きじゃない、とおっしゃってたことがありましたよ」とか教えてくれることもあって、参考になります。一から十までその通りにするわけじゃなく、自分としてはこっちがいい、という選択もありますけど、うす味の好きなお客さんには醬油をひかえる、という板前の心得も働きます。

ほかに、作品について、著者について、編集者と話し合っているうちに、アイデアが浮かぶことがあります。話し合うというより一方的に教えられる、ということが多いですけど。

ただし、その段階ではまだ具体的なデザインにはなりません。装丁するにあたって、三つのものを編集者から受け取る必要があります。

一つは依頼書です。と言っても契約書のような堅苦しいものじゃありません。その書物の題名と著者名、サブタイトルがあればその文字、翻訳書なら訳者の名、原題と原作者名のスペル、などが明記してある紙っぺらですね。本のサイズやハードカヴァーかソフトカヴァーか、それに締切日など事務的なことも記されている。時には挿絵を何点、とかも。出版社によって書式があることもあるし、メモ用紙に走り書きってこともあります。

とにかくこれに従って文字を描いたり写植を頼んだりします。口頭で伝えられるだけでは文字の間違いなどが起こりやすい。例えば「何々短ぺん集」という時の「へん」はタケカンムリの「篇」か糸ヘンの「編」か、といったこと。欧文のスペルなんかもそうです。

それでも間違えることがあるんですね。そういう時も、たいてい印刷所に入る前に編集者が見つけてくれるので、ミスのまま本になっちゃった、という経験はまだありませんが、校正刷りまで行ったことはありました。ぼくが間違えた場合はもちろん謝るんですが、謝るにしても自分の方が間違えたと確認してから謝りたい。そんな時、この依頼書が証拠物件になります。ぼくもケアレス・ミスはよくやりますが、たまには依頼書の方に誤記があることもあって、だからと言って鬼の首をとったようにはしませんけれども、まあ謝らなくてもすむ、ということですね。どっちにしてもデザインは訂正しなきゃならないわけですけど。

その二はゲラです。ゲラというのは業界用語で校正刷りのこと。この場合は文章の方の校正刷りです。つまりどんな内容の本なのか、読まなきゃわからん、ということです。でもまだ本になっていないんですから校正刷りで読むことになります。

すでに読んだことのある名作の場合は問題ありませんし、雑誌に連載したものをまとめる本の場合、連載中に読んでいればこれもＯＫ。初めてのものでも著者と題名をきいただけでおおよそのことは見当がつくし、打合わせの時にさらにくわしくわかりますが、でもそれだけじゃヒントがつかめません。やはり読まないと。

今はワープロが活用されていて、ゲラが出る前にワープロで打ったものを読ませてもらうこともよくあります。時には著者の直筆の原稿――もちろんコピーですが――を読むこともある。雑誌の挿絵の場合は原稿用紙の字を読むことが多いですが、一冊の本となると直筆の文字、特にクセのある字を書く著者の場合、全篇読むのはつらいので、活字になったものを読ませてもらうようにしています。

ただしゲラはまだ誤字脱字が多い段階なので読みにくいし、本のように綴じられていませんから、物理的にも扱いにくい。ワープロの誤字もいやですねえ。あれは変換のせいでしょうか、同音の誤字がやたら出てくる。「鬼の居ぬ間」が「鬼の犬魔」とかね。何のことか考えこんじゃうことがあります。

装丁をするにあたって、その本を読むようにしている、と話すと、「たいへんな量ですねえ、すごい読書家ということになりますねえ」なんて言われることがありますけど、実はゲラを読んでも読書をしているという気にはあんまりならないんですね。なにしろ「鬼の犬魔」ですから。

それに締切の関係もあって、大急ぎで読まなきゃならない。とても楽しんで読書をしているとは言えません。白状しちゃうと、ナナメ読みという時もあります。

大長篇で、しかもていねいに読む時間が期日までにあまりない時、編集の人にストーリィを書いてもらうこともあります。ただしこれは粗筋じゃだめなんです。どんな性格のどんな年齢のどんな人物が、いつ、どこで、何のために、何をしたかといったことが細かく書かれていないと役に立ちません。そこまで書くと短篇小説くらいの長さになっちゃう。編集者もたいへんです。それでも本当はこれで大丈夫、とはならない。神は細部に宿る、という言葉もあるように、舞台となる風景を描写するちょっとした単語がヒントになることもあるからです。

ですから、結局は長い方のゲラを読むことになるんですが、その場合でも、短く書いてもらったものが大いに助けになります。大急ぎで読んでも予備知識があるから頭に入るんですね。右眼でナナメ読みしながら左眼でディテールを読む。現実にそんなことはできませんが、まあそんな気分で読めるということだとご理解下さい。いずれにしろこんな読書は邪道です。

邪道ついでに言うと、短篇集やエッセイ集で、中の一篇のタイトルが題名になっている場合、その表題作をまず読むことが多いです。それでとりあえずヒントはつかめる。だけどそれだけでは平面的になりますね。ほかの作品もあるんだから。で、ほかのも読む。表題作の絵がカヴァーの表で、ほかの作品の絵をカヴァーの裏と表紙と扉に持ってきたりするわけです。ちょっと凝りたいと思った時はわざとカヴァーには表題作は描かずに、表紙に回したりする。読んだ上で、具体的な絵にしない場合ももちろんあるわけですけど。

ヒントがつかめた段階で読むのをやめちゃう、ということもないわけじゃありません。十篇のうち六篇まで読み進んで「できた！」という時もあります。しかしこれも一種の手抜きですね。十篇全部読んだらもっといいアイデアが出るかもしれないんですから。

手抜きの方法を白状しちゃいましたが、原則はやはりちゃんと読むことです。読むと読まないじゃずいぶん違う。

もう一つ白状すると、ごく初期の時代には読まないでやったこともいくつかあるんです。とりあえず題名と著者名でデザインはできますから。でも本が出来上がってから読んでみるとどうもしっくりこないんです。題名だけでやった装丁はどうしても題名の絵解きになっちゃって、本当の内容が伝わってこないような気がします。特に具体的な絵を描く場合はそうですね。

例えばの話ですが、「深海魚」という題名の本があったとして、中身を読まずに魚の図鑑でも見て深海魚の絵を描いたとする。でも読んでみると魚なんか出てこない。夜の都会でうごめく男女の物語だった、なんてことがあります。比喩的な題名なんだから、絵の方も比喩でいいじゃないか、ということではあるんですが、これだけでは題名をなぞったにすぎないんですね。ちゃんと読んでいれば同じ魚を描くにしても内容を暗示する別の匂いを少しふりかけられたかもしれない。

　自分も経験があるから言えるんですけど、人のやった装丁でも、あ、これは読まないでやったな、ってわかる時があります。逆に自分がそれをやると、人にわかられちゃうな、と思うんです。

　その三は束見本です。束と書いてツカと読みます。束というのは本の厚さのことです。つまり束見本というのは本の厚さを確認するために、選んだ用紙を使って出来上がりと同じように一冊か二冊だけ製本してもらうもの。印刷はしてありません。

　束見本はとりあえず厚さの見本ということになりますが、実際の目的はそれだけじゃなく、本のサイズの確認にもなるし、ハードカヴァーでよかったのか、ソフトカヴァーの方がよかったんじゃないか、と再考する材料にもなるので、造本見本とも言われます。

　ですけど、ぼくが束見本を受けとるのは厚さやサイズを見るためだけじゃないんです。それを手にとった時の感じが自分には大切なんです。本の大きさや厚さや重さが、実際に感触として自分の手に伝わってくる。まだ書物になっていない、形だけのものだけれど、このまっ白な本の上に文字が印刷され、デザインされたカヴァーがかけられて、書物として世に出るんだと思うと、ちょっとワクワクします。そのワクワク感がデザインにつながるような気がするんですね。

　あるいは陶器に絵付けをする気持かもしれません。陶芸家のことはよくわかりませんが、こんな絵を描きたいと頭の中で思うだけじゃなく、皿なり、壺なり、素焼きの実体があって、それを手にとって、重さや手の中のなじみ方や、いろいろな要素を実感して、初めて何をどう描こうと発想するんじゃないかと思う。ぼくにとっての束見本は、そういう感じのものなんです。

出版社によってはいちいち束見本を作らないところもあります。ページ数がわかって用紙の質がわかれば本の厚さは計算で出ますから、束見本がなくてもダメだということはないんです。そういう出版社は例の依頼書に本の寸法と厚さを正確に記した図面を入れてくれます。それで仕事はできるんだけど、ぼくの場合、気持のとっかかりの上で、ちょっと淋しい。

それから、これから作る本と同じサイズ同じ厚さの既刊の本を「これと同じです」と持ってくるところもあります。これでも仕事はできます。でもこういう場合はすでにデザインされたカヴァーや表紙がついているわけですから、素焼きの皿を見る陶芸家とはまったく違っちゃう。

出版社それぞれのやり方がありますから、いずれの場合も文句は言えないんですが、束見本があった方がやりやすいことはぼくの場合確かです。ゲラを読んでからまっ白な本を見ているうちに、白い表紙に何かがジワーッと浮かんでくる。精神主義的なことを言ってるみたいに思われるかもしれませんが、仕事のとっかかりとして実際に有効なんです。

あとはやっぱり担当編集者との気の合い方ですかねえ。一緒に飲みに行くとか、そういうことじゃないんですよ。そんなことはしてもしなくてもどっちでもいい。いい本を作るんだ、っていう気迫が編集者から感じられて、よーし協力しようって気持にさせてくれればいいんです。

今まで付き合った編集者はみんなそうでした。そういう人は一から十まで自分でやらなきゃ気がすみません。打合わせはもちろん、出来上がったデザインを取りにくる、色校正を持ってくる、再校の必要があればそれも持ってくる。出来上がった本を届けにきてくれる。

近ごろは世の中の風潮なのか少し違う人がでてきました。届け物はアルバイトに頼むとか、バイク便にするとか。資料を届けるというような時はそれでもいいんですが、デザインを渡す時点では担当編集者が直接見て、見返しの用紙など指定漏れがないか、文字の間違いはないかチェックする必要があります。デザインした側にとってはここでひと言感想を言ってくれることを期待します。でもバイク便が来たら拍子抜けしちゃう。校正刷りを持ってくるのがお使いさんで話にならない時があります。「もう一度校正を出してもらいたいけど、発売日から逆算して可能ですか」ときいても「さあ」なんて言ってる。

出来上がった本ならお使いでも郵送でもいいじゃないか、と言われそうですが、昔ながらの正しい編集者は自分で来ます。儀礼的にそうした方がいいと言ってるんじゃないんですよ。そういうことにはぼくはこだわりません。でも本人が持って来てくれたら、出来た本を見ながら意見を言い合うことができるでしょう。それが次の仕事につながるんです。大事なことだと思います。

さっきも言いましたが、ゲラは読みにくい上に大急ぎで読まなきゃいけないので読書をしている気持になれない。でもゲラを読んでて面白くなっちゃうことがよくあるので、そういう時は一所懸命読みます。そこで思うのは、「ああこの本は出来上がってから落ちついて読みたかったなあ。でも装丁を引き受けちゃったから今こうしてゲラで読んでるけど、引き受けなきゃよかった。そしたら本屋さんで買ってじっくり読んで楽しめるのに」なんてことですが、一方で「こんないい本、人が装丁してたらくやしかっただろうな、俺に頼んでくれてよかった」と思ったりもします。妙なもんです。

6　丸谷才一さんの本

丸谷才一さんの本の装丁を手がけたのは『女性対男性』（70年・文藝春秋）が最初でした。次が『大きなお世話』（71年・朝日新聞社）。そのころは面識はなかったんですが、本ができると丸谷さんは手紙で感想を書いて下さる。それが嬉しかったですね。

著者から装丁の礼状をいただくことは皆無ではありませんが、たくさんあることでもないんです。それにお互いに仕事ですから礼を言われなくたっていいことだし、逆に装丁をさせていただいて有難うございますと、こちらが礼を言うのがスジかもしれないと思ったりもして。ですから手紙が来るとか来ないとかは仕事をする上で関係の深いことではないんですが、感想を書いてもらえるとやはり嬉しいし、励みになります。

『女性対男性』のころ、ぼくは丸谷さんが芥川賞作家であることはもちろん知っていましたし、文芸評論も翻訳も手がける方だということも知っていた。英語の先生であったことや、野坂昭如さん夫妻の仲人であることも知ってました。でもその時点で読んでいたのは翻訳だけでした。装丁をした二冊のエッセイ集が面白かったので、それからさかのぼっていくつかの本を読んだわけです。

丸谷さんの軽妙なエッセイは定評がありますが、それはこの二冊のエッセイ集が世に出たからだと思います。ぼくはゲラで読みましたから、丸谷さんのエッセイを面白がったごく初期の読者の一人だったわけですね、光栄なことに。装丁者であることを別にして、それからずっと丸谷エッセイの愛読者を自認しています。

作家が小説以外にエッセイを書くのは普通のことでしょうけど、軽いエッセイというのは身辺雑記になりがちで、とりわけ週刊誌の連載などだと、今週はゴルフに行っただの、競馬で勝っただの、編集部のA君が来てこう言っただの、という話が多くなるようですね。そのたぐいのものはかなりの名文であっても、よほどその作家の日常に興味がないと退屈しちゃう。丸谷さんのエッセイはそうじゃないんですね。仮に近所の豆腐屋で豆腐を買ったという日常的なところから始まったとしても、いつのまにか豆腐の歴史に話がおよび、東西食文化論に発展したりします。それがユーモラスに語られ、洒落たオチまでつく。気軽に読めてしかも得をした気分になる。という具合で、挿絵を描くのも楽しいんです。

「夕刊フジ」には作家が毎日百回連続でエッセイを書くコーナーがあります。ずいぶん昔、その企画の最初のころだと思いますが、挿絵を依頼されて、それがデイリーの仕事だときいて即座に断ったことがあります。新聞小説の挿絵も経験がないし、毎日絵を描くのはとてもつらいと思ったんです。電話をくれた担当の人はムッとした声で、「そんなにいきなり断らなくてもいいじゃないですか。せめて作家の名前くらいきいてからにしたらどうです」と言うので、ぼくは「作家の名前をきいてから断るんじゃよけい失礼だから、きく前に断らせて下さい」と答えました。それから何年もたって、丸谷さんの「男のポケット」という「夕刊フジ」の連載の挿絵を引き受けたんです。毎日はつらい、という気持は変わらないんですけど、丸谷さんのエッセイの誰よりも早い読者——担当者は別として——になる魅力にさからえなかったんですね。で、そういうことになって丸谷さんに初めてお会いしたんです。

百何回かの連載の挿絵を描いたのちに、『男のポケット』は単行本（76年・新潮社）になりました。カヴァーの絵はポケットらしい形の中に花札が二枚。雨の札ですが、一枚は小野道風の代わりに定九郎がいる。これは中のエッセイの一篇「雨の男は定九郎」をヒントにしています。

『女性対男性』の時はトランプのカードのような絵を描きました。ハートのマークを持った女性とクラブのマークを持った男性がトランプの絵札のように組み合わさっている絵で、ちょっと題名の絵解き、と言いますか逐語訳みたいになってる。『大きなお世話』はシャボンの泡をつけて髭を剃ってる星、と

いう変な絵を描きました。床屋政談に学問やらSFやらのイメージを勝手にくっつけた絵です。こちらは逐語訳でなく、意訳という気分ですね。『男のポケット』の場合も意訳に近いと思います。

丸谷さんは各種パーティにおける挨拶が上手だということはよく知られています。そして丸谷さんの挨拶の特徴は原稿を読むことですね。初めてだと奇異に感じるかもしれないけれど、アドリブでやってたどたどしくなったり、長ったらしくなるのはいけない。そのためにスピーチを準備する。それを暗記して会に臨むのは役者じゃないんだからむずかしい。というわけで原稿を読むという独特のスタイルができた。ご存じ名文家だから、原稿は完璧で、時間も主催者が望む通りになるというわけです。しかも原稿が手許に残る。これを本にまとめたのが『挨拶はむづかしい』(85年・朝日新聞社)でした。ここではぼくは丸谷さんが原稿片手にマイクの前に立っている絵を描きました。正に逐語訳ですけど、この場合はそれが合ってるかなと思ったんですね。

余談ですが、丸谷さんは原稿がないとスピーチができないかというとそんなことはない。突然のご指名ということもありますから。ぼくは井上ひさしさんの芝居の初日のパーティで、丸谷さんが突然指名されたのに遭遇したことがあります。原稿がなくても見事なスピーチでした。ただし本には残らないのでもったいない。

『好きな背広』(83年・文藝春秋)、『犬だって散歩する』(86年・講談社)、『夜中の乾杯』

（87年・文藝春秋）、『猫だって夢を見る』（89年・文藝春秋）、『軽いつづら』（93年・新潮社）、『青い雨傘』（95年・文藝春秋）はいずれも丸谷さんお得意の、軽妙で文章の芸を見せてくれるエッセイ集です。それぞれ連載時にぼくが挿絵を描きましたから、本の気分はよくわかっていて、装丁もやりやすかったものです。

『好きな背広』は、背広を何着も持っていても好みの一、二着をいつも着るように、人に何度も話をしてしまう話題がある、そんな話を書いた、というのが題名の由来で、背広そのものが語られているわけじゃない。で、カヴァーには背広は描かず、ハンガーを描きました。扉には背広が出てきますけど。

『犬だって散歩する』には自分で撮った写真を使いました。リスボンの石畳に標柱の影が映っている写真。犬についての書物ではないから、犬を正面から出したくはない。でも題名に関わりのあるものにしたい。という意図で選んだ写真です。犬が散歩したくなりそうな石畳と、犬がオシッコをしたくなりそうな電柱ならぬ標柱の影、というわけです。

『夜中の乾杯』のカヴァーの絵も、乾杯そのものを描かずにそれらしき絵を描きたいと思った結果です。シャンペンのコルク栓が飛んでいるところ。栓を飛

ばすのは下品なあけ方なんだそうですけどね。

『猫だって夢を見る』は題名が『犬だって散歩する』と対になっています。だから装丁のイメージも対にしようとしばらく考えたんですが、出版社が違うんです。著者が同じなんだから妙な仁義を切らなくてもいいじゃないか、とも言えるんだけど、やっぱり違う手で行きました。この場合も猫を出さずに猫を匂わせる、ということで、「猫」の字に三毛の柄とヒゲを描くという漫画的手法を使いました。

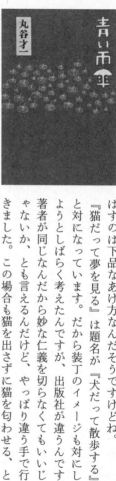

『軽いつづら』は『男のポケット』以来十七年ぶりの「夕刊フジ」の連載でした。ぼくにとってもデイリーで挿絵を描くのは十七年ぶり。『軽いつづら』というタイトルは「舌切雀」ですね。人のいいお爺さんは小さなつづらをお土産にもらう。中身は上等のものが入ってる。本になった時のカヴァーの絵は、ナポレオンが大きなつづらを背負ってるところ。カヴァーの裏は蛸が小さなつづらを背負っている。「舌切雀」そのものを描くんじゃ面白くないのでこうしたわけですが、ナポレオンと蛸はエッセイの中に出てくる要素です。

『青い雨傘』は「オール讀物」の連載だったんですが、連載の時のタイトルの描き文字で、「傘」の字をコーモリ傘に見立てました。「雨」の字の点々を雨だれにした。その描き文字を本のカヴァーにも使ったわけです。タイトル文字でイラストレーション的な効果を狙ったわけですが、それだけではちょっと寂しいので、雨の落ちる波紋を加えました。全体にブルートーンの色指定で、さらに表紙、見返し、扉、オビの用紙をブルー系に統一しました。題名にこだわった色彩です。

『青い雨傘』というタイトルを、原稿では右端にレイアウトしました。それを色校正の段階で中央に持ってきた。その方がデザイン的に落ちついてよくなったんですが、ぼくは基本的に校正が出てからデザインの変更をしないので、これは珍しい例だったんです。

校正の段階でどんどんデザインの手直しをするデザイナーもいるときくんですけど、文章の直しと違ってデザインの場合は製版をやり直さないといけないので、手間もかかるし時間もかかる、したがってお金もかかる。発行予定日や予算のことで編集者を困らせることになります。印刷所の方で間違える場合もあるのできちんとチェックする必要がありますが、自分の気分が変わったからデザインの変更をするというのは申し訳ない、とぼくは思っています。直した方がよくなるから直すわけですが、校正の段階まで来てその気持にならないように、原稿を作る時に仕上がりの様子を思い浮かべておかないといけない。むずかしいことなんですけどね。

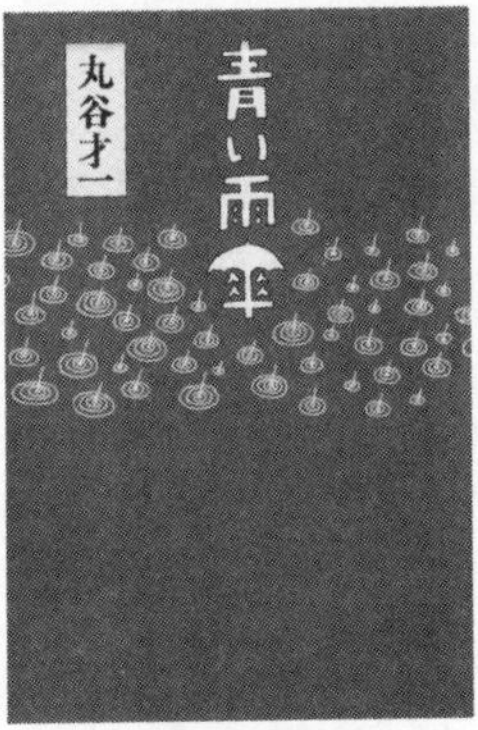

さて、軽いタッチの発想やデザインは、ぼくの店のメニューの上の方に載っかっていて、注文が多いわけです。ここの店は水餃子がうまいというふうに、いつのまにか名物化しちゃってる。シェフとしてはふかひれスープもできるんだけど、そっちの注文は少ないなー、なんて思ったりします。

丸谷さんの『桜もさよならも日本語』(86年・新潮社)の装丁を依頼されたのは、ふかひれスープの注文ですね。この本は題名こそ軽妙なタッチですけど、日本語について書かれた評論集です。ぼくとしてもコミカルな手法は避けつつ、何かで内容を表現しないといけない。言葉の問題を絵にするのはむずかしいのですが、この場合「桜」という手がかりがある。しかし桜をそのまま描くのは単純すぎます。そこで桜が咲いていそうな山を抽象的に描きました。花霞という気分を出そうとエアブラシでタッチをつけ、題名は初号活字を手で押して作り、文字の中はグァッシュでタッチをつけました。「桜」の字の部分が自然にピンクになるようにして。初号活字の書体はどっしりしていて、日本語を論ずる書物にはふさわしいと思います。

『6月16日の花火』(86年・岩波書店)はジェイムズ・ジョイス論です。六月十六日は『ユリシーズ』の物語の当日ですね。丸谷さんはジョイスの翻訳者であり、研究家であり、今はどうか知りませんが、当時は六月十六日には何をおいてもほかのジョイス仲間と会食をする、というほど思い入れが深いので、装丁もウカツにはできません。ただ、ジョイスも含む英文学全般についての評論集だとむずかしいのですが、この本は徹頭徹尾ジョイスについてのものなので、ジョイスのポートレートを描けばいい、という考えはすぐにまとまりました。しかしいわゆる似顔絵を似顔絵ふうに配置するのでは、どうも内容とマッチしません。そこで黒地に黒で絵を刷ることにしました。そのことによって深みを出そうと。もちろん黒に黒を重ねるんだから、尋常のやり方ではダメです。マットのインクの黒で刷り、上にツヤのある黒を重ねる、という方法をとりました。

校正刷りまではうまくいったんですね。ところが本のカヴァーはコーティングをしないといけない。コーティングのテストをしてみたら、ツヤのあるコーティングだと、どちらの黒もツヤが出ちゃうし、マットのコーティングだと、どちらの黒もマットになっちゃう。せっかく二色の黒で刷ったものが一色と同じ効果、つまり絵が見えなくなってしまった。

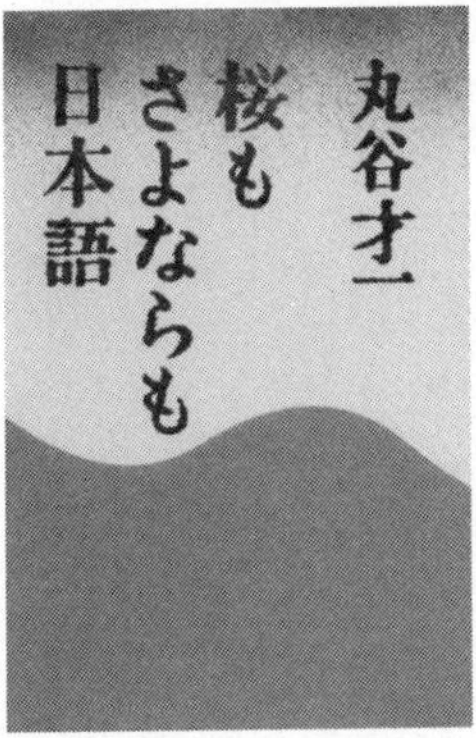

これじゃなんにもならない。仕方なく一回地色のマットの黒を刷ってからコーティングして、その上に今度は黒の箔押しをしました。箔というのは金箔という言葉もあるように、膜のように薄い色の材質です。それを押しつけて定着させる。ちょっとコストのかかる方式です。

これで思い通りのものができたのですが、黒二色で安上がりだろうと踏んでいたものが、逆に高くついてしまった。それに印刷する工場とコーティングする工場は違うので、一度印刷して別の工場に運び、コーティングしてから箔を押す、という厄介な作業になりました。著者には喜んでいただけた装丁ですけど、担当者には面倒をかけました。

ぼくには純文学の仕事はめったに来ません。やっぱり名物水餃子の方が目立つからなんでしょう。でも丸谷さんは『樹影譚』（88年・文藝春秋）の装丁を依頼してくれました。『樹影譚』は表題作を含む三つの短篇からなる本です。普通のやり方だと、「樹影」を装丁に使うでしょうね。落葉した樹のシルエットは写真にしても恰好がつくし、絵にもしやすい。小説にも樹影のことがはっきり書かれているから、内容を伝えることができます。でもその手法は直訳すぎて面白味に欠ける、と思いました。やはり意訳でいきたい。けれども下手なことをして誤訳になるのは困るんですね。だからゲラはちゃんと読まないといけない。とは言っても、ぼくは優れた読書家ではありませんから、頓珍漢な読み方をしないとは限らない。『樹影譚』は複雑な小説だったので、特にそう思いました。襖を開けて座敷に入るとまた襖があって、それを開けてさらに奥座敷に進む、という感じのお話でね。その中で「あいまいな記憶」あるいは「遠い記憶」について語られる。もちろん樹影のイメージがはっきりとある。そういうニュアンスが装丁で出せないだろうか、と考えたんですが。

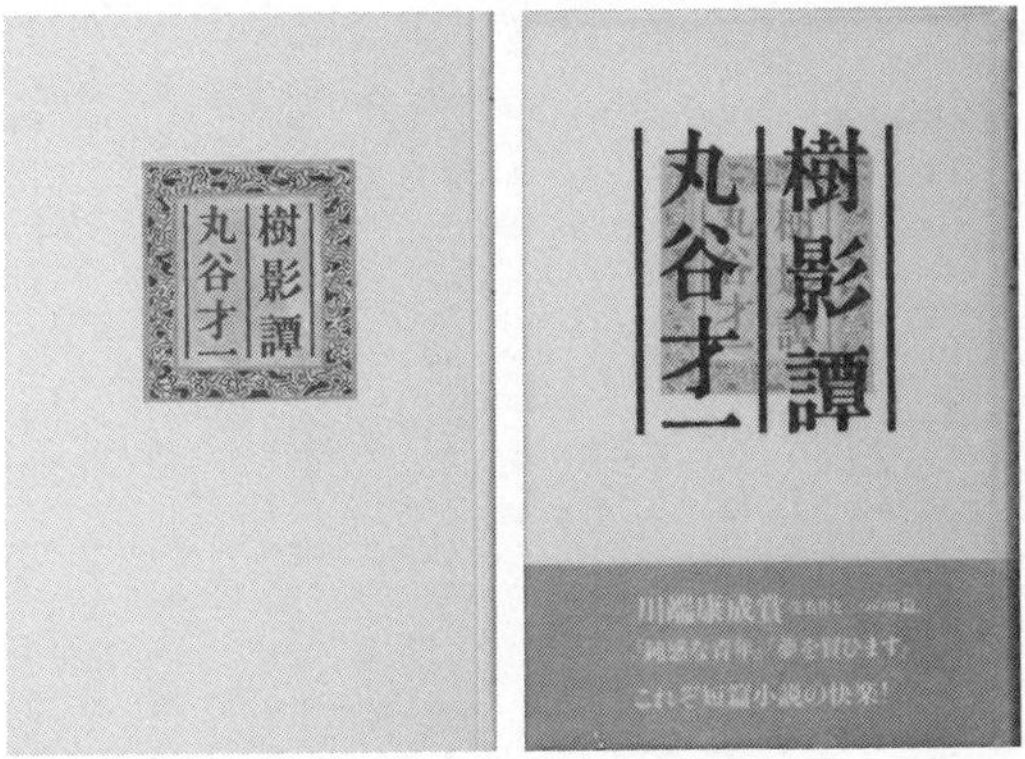

それにこれは短篇集ですから表題作以外の作品のイメージも借りたいと思ったんです。ほかの二つも読んで「鈍感な青年」の物語の舞台となっている佃島に行ってみました。初めて行ったわけじゃないけど、その気で訪ねると新しいものがたくさん見えますね。その中で住吉神社の鳥居にあった額の飾り模様を表紙に使いました。

　バクラムという布地を表紙にして、額の模様つきの題字と著者名をアート紙にカラーで刷り、題簽《だいせん》のように貼りました。「題簽」は題字という意味もありますが、題字を刷って表紙に貼る短冊型の紙のことを指すこともあります。この場合は後者ですね。カヴァーは厚手のトレーシングペーパーにして、スミで大きめに題名、著者名を刷りました。カヴァーの黒の題字の下から——トレーシングペーパーですから——表紙の題簽が透けて見える。その効果を小説『樹影譚』の持つ味わいとダブらせてみたかったんです。トレーシングペーパーにはオビに当たるものも刷り込み、その裏には何人かの批評も刷りました。経済的なことも、まあ考えたわけですね。

本ができてから、丸谷さんから「装丁が批評になっている」という意味の手紙をいただきました。たいへん嬉しいお言葉で、それがまた装丁の批評になっていたわけですが、ぼくとしては批評をしようなんて大それた気持はありません。しかし書評というものは「評」の部分がもちろん大事だけれど、その本の「紹介」の部分もないといけない。ぼくの場合、「紹介」をしたいと思ったことは確かなんです。

書きおろし長篇『女ざかり』（93年・文藝春秋）は女性新聞記者がヒロインで、仕事は優秀、若くはないけど美しくて恋愛もしています。こういう場合、そのヒロインの顔を描きたくなるものなんですが、読者にはそれぞれ自分のイメージがありますから、あまり具体的に容姿を提示されると、こんな人じゃない！　と怒ったりする。映画化で困るのはそこですね。この小説の映画化では吉永小百合さんがヒロインを演じました。ぼくとしては小百合さんで苦情はありませんが、人によっては桃井かおりがいいとか、いや吉行和子じゃないか、とか違った意見を持つでしょう。まあ映画は別の作品と考えれば割り切れるとして、本はもうそのものですから、装丁家が勝手に読者のイメージを規制しない方がいい。ぼくが大人の美女を描くのが苦手だ、ということはさて置いても、そんなふうに思います。

で、次の手。ヒロインは論説委員で、社説も書く。それを出そうと考えた。「ゼロ発信」というコラムも出てきます。それも使おう。新聞ですから紙型《しけい》を使って刷ります。今は紙

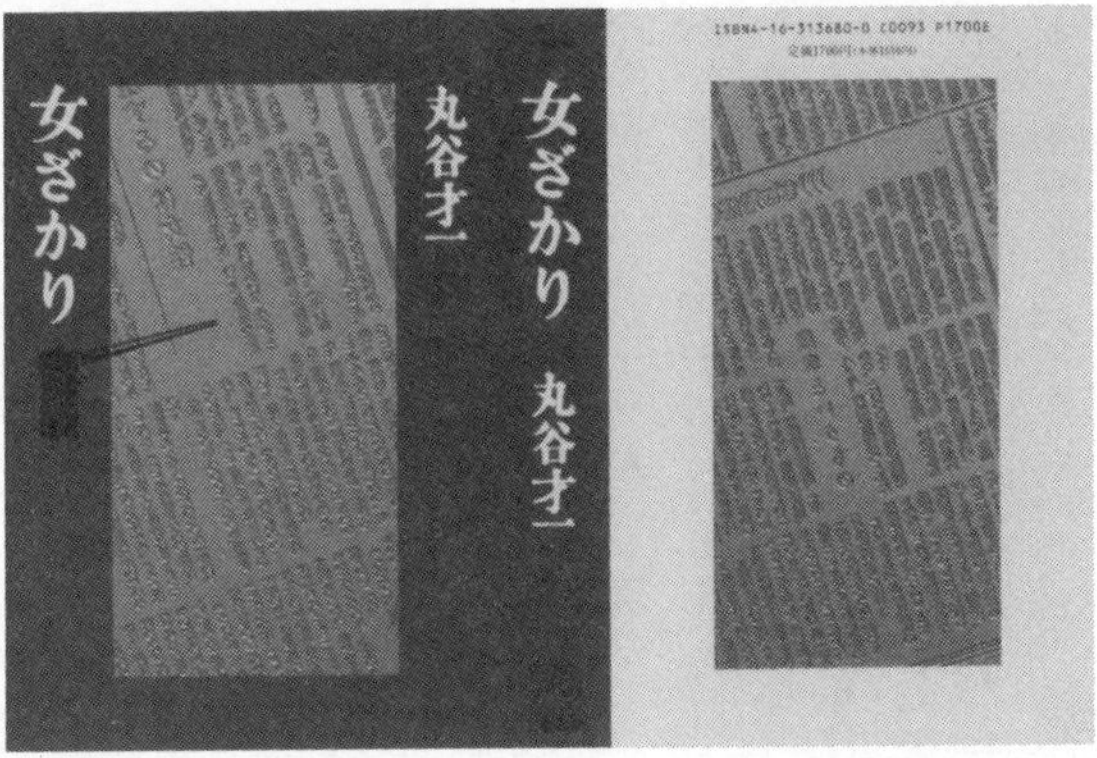

型と言っても紙でなく樹脂系の別の材質のものですが、とにかく今の方式で紙型を作って写真を撮ってもらいました。活字で組まれた内容は小説の中に出てくる記事の通り。新聞ですからそのまわりには別の記事があるんですが、それをこの本の担当者、湯川豊さんとその部署の人たちが書いて、とにかく紙型にしたわけなんです。「ゼロ発信」というロゴはぼくが描きました。関係者がみんなで楽しんだというか、凝った装丁になったんですが、それだけじゃちょっともの足りない。つまり男っぽいんです。「女ざかり」のイメージが欲しい。それは著者からのヒントが役に立ちました。小説の中の印象的な小道具として、びらびら簪が出てくるんですね。それを使ったらどうかと。それで資料に当たって、作家のイメージにある簪をカットのようにあしらいました。

丸谷さんには対談、鼎談などを含めて著作が多いんですが……あ、そうそう『七十句』（95年・立風書房）がありました。これは丸谷さんが古稀を迎えた時の記念に、齢の数だけの俳句を収めた本です。ぼくは装画をエッチングでまとめました。句は春、夏、秋、冬、新年、に分けられています。それぞれに扉にあたる銅版画を制作しました。カヴァー、表紙には小さな虎が、これもエッチングで入っています。新年の扉の絵柄のまわりに十二支をちりばめた、その中の虎の絵なんですが、丸谷さんの「虎は野にぞろぞろ放て年賀状」という寅年の正月の句に因んだものです。丸谷さんは丑年なので、牛の絵は扉に入れました。

そして通常の出版のほかに、百部限定で特装版が作られました。中身は同じですが、表紙は布装、布張りの箱入り、そして銅版画が五枚入ってる。通常版に入っているのは銅版画を原稿としたオフセット刷りですが、特装版に入れたのは手刷りの銅版画でした。高い本でしたが百部だけですから、予告しただけですぐに売り切れたそうです。

銅版画を制作したのは、丸谷さんへのお祝いの気持が入ってるんですけど、それとは別にこんなことも考えました。俳句は丸谷さんにとっては余技ですが、作家である人の句作ですから、距離が遠いわけではない。ぼくは版画家ではありませんがイラストレーターだから、あながちアマチュアというわけでもない。そんなふうに小説と俳句、イラストレーションと銅版画の距離がちょっと似てるんじゃないか、ということですね。

「丸谷才一批評集」全六巻（95年〜96年・文藝春秋）は丸谷さんの文芸評論をジャンル別

に編集したシリーズで、『日本文学史の試み』『源氏そして新古今』『芝居は忠臣藏』『近代小説のために』『同時代の作家たち』『日本語で生きる』とそれぞれタイトルがつけられていました。巻を追っての発売じゃなくて、順不同でした。最初に装丁したのは『芝居は忠臣藏』だったと思います。

批評集ですから、あんまり軽いデザインをしない方がいいと思って、活字と写植で文字を組み、カチッと罫線で囲みました。しかしあんまり堅苦しいのも困る。丸谷さんは堅い内容の評論でも、やわらかく読みやすい文章で書く人ですから、学者の本のようにはしたくない、ということで絵を入れました。第一巻は後鳥羽院、二巻は光源氏、三巻は定九郎、四巻はタイプライター、五巻は万年筆を持つ手、六巻は小野道風、という具合。それぞれスミベタを生かしてカスレをつけるという、ちょっと木版画のように見える手法を使っています。

色はアミ指定ですけど、大きく二色、罫線のまわりと、絵の地色で、一冊ずつ見てもきちんとしていて、六巻揃った時にはそれなりの効果がある、という配色を考えたつもりです。全六巻が一度に出たわけではないので一か月に一度くらいずつ、絵も配色も考えたんですが、そのやり方だと全巻揃った時のことを予測す

るのはむずかしいですね。前もって内容はわかっているので一どきにデザインしてしまえばいいんだけど、締切が近づかないと仕事を始めないというのが習性になってしまっています。

それからこのシリーズではマークを作りました。批評集にふさわしいマークというのはむずかしいですが、ちょっと悩んだ末にゼムクリップをマークにしました。アンソロジーを編む時には、文章が発表された雑誌の切り抜きやそのコピーなどをクリップで留める作業があると思います。あるいは批評を書くに当たって、とり上げる文章、参考資料などをそのようにしてまとめるかもしれない。もうひとつ、丸谷さんは本に栞を入れたり、符箋を貼ったりする代わりに必要なページにゼムクリップをはさみます。直接資料をお借りしたことがあるので、そのことをぼくは知っていた。それやこれやで丸谷さんの批評集には、ゼムクリップが似合うんじゃないかと思ったんです。

『ユリシーズ』はとりあえずジェイムズ・ジョイスの作品だし、三人の共訳ではあるのですが、丸谷さんの本について話す時には抜かすわけにはいかないでしょう。この装丁の中の文字については前に話しました。ここでは全体のデザインのことを言いますね。

三分冊でそれぞれがかなり厚い本です。なにしろ註がいっぱい入ってる。九六年の六月十六日――この小説に因んだ日です――に一巻目、九七年の六月十六日に三巻目を出し、その中間点で二巻目が出る、という出版計画で、その通りに進行したわけですが、装丁の方は三冊分まとめてやらないといけなかった。見本を作って写真を撮って、宣伝パンフレットに使うという必要がありましたから。一つの小説の三分冊ですから一度に仕事をした方がやりやすいことは確かなのですが、ゲラは揃っていなかった。三人の訳者は原稿を行ったり来たりさせながら慎重に赤字を入れ合っていたんですね。それに三巻目は一年後の発行だし。でもこの本は三十年も前に河出書房新社から同じ三人の訳者によって出版されています。今度のはその新訳になります。ですからかなり改変されるだろうけども、読めるのはそれしかないわけだから、大急ぎで河出版を読みました。

ぼくはジョイスについては知ってるような気がしてただけでほとんど知らなかったんです。丸谷さん訳の『ジアコモ・ジョイス』は池田満寿夫の絵で立派な画集のような本になってますので、これは読んでる。やはり丸谷さん訳の『若い芸術家の肖像』は新潮文庫に収められた時にぼくがカヴァーの絵を描いたので、これも読みました。けれど『ユリシーズ』はあまりにも大作だし、難解です。欧米の文学史やら、文学に限らずもっと世俗的ないろんな事柄の知識がないとわからないことが多いし、さらに日本語訳では日本文学史までが取り込まれていて、途方にくれるんですけど、訳者によって、研究者によって、違う解釈があったりするらしいから、ぼくはぼくなりの読み方でもいいことはいいんですね、読者としては。でも装丁者としてはそれこそ誤訳をしちゃうとみっともないんで、勉強し

ないといけない。そこで非常に役に立ったのが丸谷さんによるジョイスの研究書『6月16日の花火』です。前に読んでるんですけど、改めて読んでずいぶんすっきりしてきました。それと担当の船曳さんとの対話が参考になったことは前にも言いました。

まず決めたのは文字です。そして三巻それぞれ具体的な絵は描かずに、色を主役に据えようと思ったんです。『ユリシーズ』はホメロスの叙事詩『オデュッセイア』が下敷になっていて、それは海の冒険物語です。こちらの『ユリシーズ』もダブリン湾から話が始まる。一巻目は海を思わせるブルーがいいだろう。それにグリーンも欲しい。ダブリン―アイルランド―ケルトという連想から、森のイメージ。そして赤。「キルケ」の章における幻想の中の火祭のイメージ。「キルケ」は二巻と三巻に分かれるけれど、赤は二巻にもってくるとして、グリーンを三巻に。青、赤、緑、で三巻を構成すれば、色彩的にもメリハリがつく、というふうに考えたんですね。

それがカヴァー。表紙はダブリンの地図にしました。線をセピアで刷って、水――川と海ですが――をブルーで刷る。見返しは黒紙に黒インクでシャムロックの模様を作りました。黒に黒というのは『6月16日の花火』で試みた手法。こちらはコーティングがないので楽にできました。シャムロックというのはクローバーの一種で、アイルランドの国花です。扉にはシャムロックを一つ。

表紙、見返し、扉は三巻共通で、三冊を一どきに仕上げました。カヴァーの三色は指定のベタでも成立するんですが、それだとシンプルになりすぎると思ったので、カラーインクでそれぞれ波のようなマチエールを作りながら描きました。同じようなタッチなのに青は海、赤は炎、緑は森を思わせるニュアンスになって、いい効果になったと思います。

ジョイスの肖像を銅版画で制作して、宣伝用のパンフレットとかポスターに使ってもらったんですが、その顔の部分を切手のようにして奥付の上に刷りました。昔は著者の検印というのがあって、印紙が奥付に貼ってあった、そのムードを出したかったわけです。この銅版画の全体像は三巻目の解説の前に一ページ大で使われました。

あと註や凡例、解説、訳者紹介といった要素が通常の本より多いので、割付にも口を出させてもらって、デザイン的にもきちんとした造本にしたつもりです。

7　映画の本の装丁

映画の本をやった最初は山田宏一の『映画について私が知っている二、三の事柄』（71年・三一書房）でした。

山田宏一と知り合ったのは七〇年。羽仁進監督がピンキーとキラーズを主役にした「恋の大冒険」という映画があって、山田宏一と渡辺武信の二人がシナリオを手伝いました。ぼくはその映画のタイトルや中に入るアニメーションを担当したんですが、シナリオにも少し口を出して、初め二人は何だこいつは、と思ったらしいんだけど、そのうち仲よくなりました。そのころは三人とも独身で仕事も今よりヒマだったんで、一緒に映画を観たり、映画についていつまでもだらだらしゃべったり、なんてことをしょっちゅうやってました。

山田宏一はフランス留学から帰ってそれほど時間がたっていなくて、映画批評家として名をなし始めたころでした。彼は留学中にヌーヴェル・ヴァーグの人たちと交友を持って、とりわけトリュフォーと親しかった。これは映画について物を書く人としては大いに強みですよね。

渡辺武信は本職は建築家ですが詩人として詩集を何冊か出していたし、映画大好き人間で、映画についての文章もたくさん発表していました。論理的な文章も情緒的な文章も上手な人です。

やがて山田宏一は最初の映画評論集を出しました。それが『映画について私が知っている二、三の事柄』。この題名はゴダールの「彼女について私が知っている二、三の事柄」をもじったもので、ぼくの提案が採用されたんです。しょっちゅう会って雑談していた中で冗談半分に出てきた題名。

この本では、ぼくは装丁だけじゃなくて挿絵もたくさん描きました。写真なしでイラストレーションだけにした映画の本は、まだ珍しかったと思います。

それから本文のレイアウトもやりました。長い論文調のものや、軽めのエッセイ風のものや、いくつかのタイプで章分けされていましたので、章によって活字の組を変えて、一段組、二段組、罫で囲ったページと、それぞれ特徴を持たせるように工夫しました。

カヴァーは三色です。渋めのピンクと薄いブルーとスミ。ピンクのベタ版に題名を白ヌキにし、ブルーのベタ版には著者名を白ヌキにしました。二つの版を重ねると全体は渋いピンクと薄いブルーが重なって渋い薄紫になります。で、題名の所はブルーが現われ、著者名はピンクが出てくるという仕掛けです。これにぼくが描いたバスター・キートンの線画がスミでのる。

この四年後に、渡辺武信の『映画は存在する』（75年・サンリオ出版）という評論集の装丁をしました。この本は著者が選んだ内外の監督十人の作品を語りつつ作家論を展開するもので、対象になった監督の一人フリッツ・ラングのポートレートを描いて、カヴァーにしました。

この時も本文のレイアウトをやりましたが、そのデザインが実はその後の映画の本の作り方にちょっと影響をおよぼしているんです。

と言うのは『映画は存在する』の著者は本文の原稿だけじゃ映画に対する想いが書きたりなくて、本文を補足する註をいっぱい書いたんですね。註というのは、巻末にまとめて入れるか、各章の最後に入れるのが普通のやり方でした。でも文章に沿ってついている註なので、ぼくは文章のその個所のできるだけそばにつけようと思いました。それで脚註という形をとった。もちろん「脚註」という言葉があるくらいだから、文章の下に註があるのは決して新しい試みじゃありません。でもぼくは脚註なんて学術書のたぐい、あるいは教科書でないとあまり見たことはなかった。実際これをやるに当たって思い出したのは高校時代の漢文の教科書だったんです。「傾城」なんて言葉が出てくるとその意味がページ

の上の方に記されてありました。脚註じゃなくて頭註というのか——名称は知らないんですけど——とにかくそのやり方をページの下にもってくればうまく行くと思ったわけです。結果的にそれが脚註になったんですね。

ついでに脚註と同じ位置に写真も使いました。ページいっぱいの大きな写真もあるんだけど、映画の本なんだから、映画を説明するのにその映画のスチールはぴったりです。それで写真に註の役割をさせる。これもちょっと新しい試みでした。もっとも、イラストレーションという言葉は辞書の中の図版など、説明のための絵柄という意味が大もとらしいので、考え方としては別に新しいもんじゃないんですけどね。

まあそんなわけで、映画の本に脚註というのはとてもうまく行きました。映画は監督や出演者、カメラマンや作曲家、製作年度、カラーかモノクロか、スタンダードかワイドスクリーンか、原作者は誰か、などなど説明したい要素が山ほどあります。それをいちいち本文の中に入れていたら文章として間のびがしてかったるくなる。そんな時、その文章のそばにこういう補足的なことがあるといいんですね。興味のある人は註で確認できるし、特に興味のない人は註を読まなくても差しつかえないわけですから。

その直後に、今度はぼくが『お楽しみはこれからだ』を出しました。『映画は存在する』の註で味をしめているので、自分の本でもこの方式をとり入れました。渡辺武信の本の真似なんですけど、ぼくのデザインなんだから、デザイン盗用とは言われないだろうと。

『映画は存在する』も『お楽しみはこれからだ』もA５判の本です。普通の単行本は四六判が多いので、単行本にしてはやや大型ということになるので、脚註が入れやすかったわけですね。

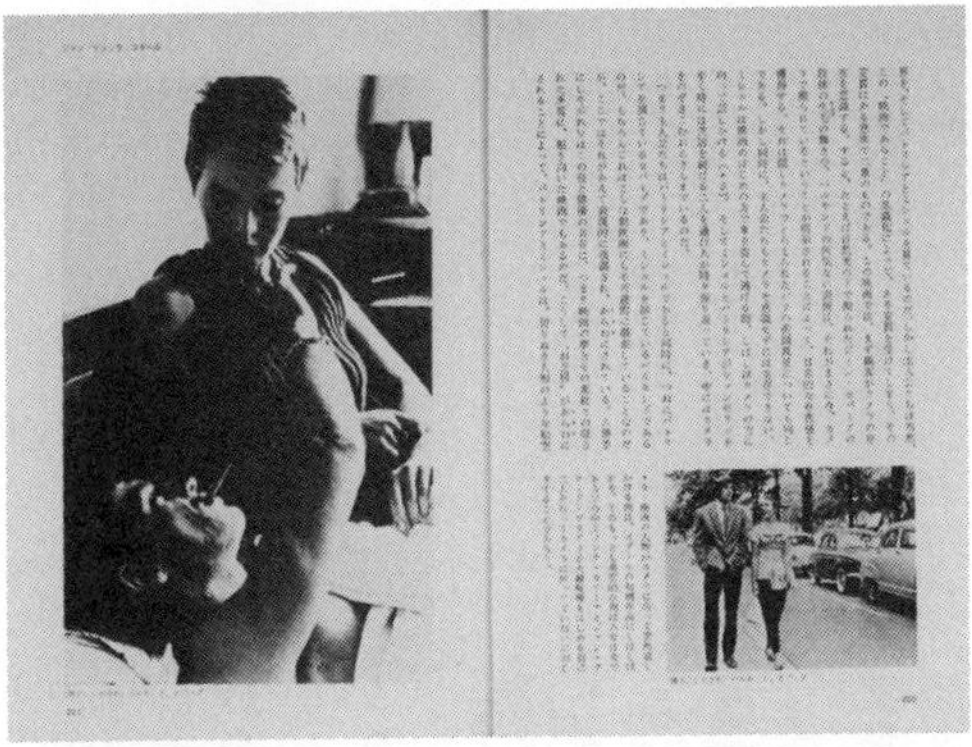

で、『お楽しみはこれからだ』はPART２、PART３と続けてこのスタイルで作りました。そのころから映画に関する本はA５判で脚註入りというのが多く見られるようになったような気がします。とは言っても脚註自体はぼくの発明ではありませんから、とりわけ自慢しているわけではありません。ちょっとだけ。

渡辺武信の映画評論集では、そのあと『映画的神話の再興』（79年・未来社）の装丁をやっています。この時はとり上げた映画の中の一つ、「ラスト・ショー」に出てくる田舎の映画館を描きました。ベン・ジョンスンが経営している映画館ですね。その映画館のラスト・ショーが「赤い河」だったので、カヴァーの裏には「赤い河」のジョン・ウェインを描いた。

ぼくは映画については結構詳しいので、それが発想に役立つことがあります。例えば淀川長治さんの対談集『映画の部屋のお客さま』（77年・TBSブリタニカ）のカヴァーには淀川さんとクラーク・ゲーブルが並んでヒッチハイクをしている絵を描きました。これは「或る夜の出来事」の一シーンで、本当ならゲーブルと並んでいるのはクローデット・コルベール。この絵の意味がわかるのはかなりの映画通ということになりますが、それほど通でなくても淀川さんの本を買う人ならゲーブルはわかるだろう。そこから先はファンの度合でいろいろでいい、という考え方です。

都筑道夫さんの『サタデイ・ナイト・ムービー』（79年・奇想天外社）はまん中に都筑さんがいて、両側に女性を従えてる。背景には映画の看板があって、映画は「マンハッタン・メロドラマ」です。これも通ならわかる設定で、犯罪王と言われたデリンジャーが「マンハッタン・メロドラマ」を女友達と観て映画館から出てきたところをFBIに射殺された。映画でも何度か描かれた情景です。著者を犯罪者に見立てたのは失礼なことではありますが、ミステリー作家の都筑さんならこの洒落をわかってくださるだろうと。

森卓也さんには『アラウンド・ザ・ムービー』（89年・平凡社）という評論集があります。このカヴァーの絵もちょっと凝りました。アメリカの映画館の窓口の絵です。スピルバーグがチケットを買いにきたんだけれども札止めの貼紙を見てがっかりしているところ。で、

映画館には映画のポスターがずらっと貼ってある。「民衆の敵」「西部戦線異状なし」「ドクトル・マブゼ」「羅生門」などなど。古い映画ポスター集などの資料をもとに描きました。アメリカの映画館の外景を集めた写真の本も持ってます。資料が豊富だとこういう時は楽ですね。

小林信彦さんの対談集の『映画につれてって』（87年・キネマ旬報社）では四人乗りの自転車にウッディ・アレン、「殺人狂時代」のチャップリン、ヒチコック、孫悟空に扮したエノケンが乗っていて、後ろから「バック・トゥ・ザ・フューチャー」のマイケル・J・フォックスがついてゆく、という絵を描きました。それぞれ、対談で話題になった人たちです。自転車は何でしょう。『映画につれてって』というタイトルは「野球につれてって」のもじりです。「野球につれてって」というのは有名な古いポピュラーソングですが、その歌を主題歌にした映画があって、その宣伝写真にジーン・ケリイ、フランク・シナトラ、エスター・ウィリアムス、ベティ・ギャレットが四人乗り自転車に乗って、ジュールス・マンシンがついてゆくというのがあるんです。これを使った。そこまでわかる人は少なかったと思いますけどね。

映画の本では似顔をよく使います。俳優や監督の顔を描くわけですが、このジャンルの人たちの顔はよくわかってるし、資料もあります。スポーツ界とか政治経済だとこうはいきません。哲学者の顔もよく知らない。

白井佳夫さんが映画監督たちと対談した『監督の椅子』(81年・話の特集)というのがあって、十人の対談相手をカヴァー表に描きました。文字通りディレクターズ・チェアに十人の監督が坐ってる絵です。カヴァー裏は同じポーズの白井さん一人の絵。椅子の背にはそれぞれ名前が書いてあって、みんなこちらを振り向いてる。このポーズも実は資料があったんです。昔の「LIFE」に新人スタア特集があって、大勢の新人男優が揃ってディレクターズ・チェアに坐って振り向いてる写真。その中にリチャード・ウィドマークがいるんですから、ずいぶん昔の「LIFE」ですよ。戦後まもなく。そのころから何冊か大事に持っていて、この号の表紙はモンゴメリー・クリフトです。そういうことを憶えていると、こういう絵が描きたいなと思う時にすぐに資料を引っぱり出せる。記憶というのもいいファイルです。最近はぼくの記憶装置もだいぶ傷んできましたけど。

樋口尚文さんの『グッドモーニング、ゴジラ』(92年・筑摩書房)は本多猪四郎監督の評伝です。題名通り「ゴジラ」の話題が中心になっているので、演出中の本多監督とゴジラを描いた。本多さんとゴジラが同じ大きさというのがミソです。撮影中だから、このゴジラは俳優が入ったぬいぐるみなんですね。燃えるビル街と、カヴァー裏には送電線の鉄塔を描きました。この鉄塔はゴジラ映画的な要素なので、著者に喜ばれました。ただの鉄塔

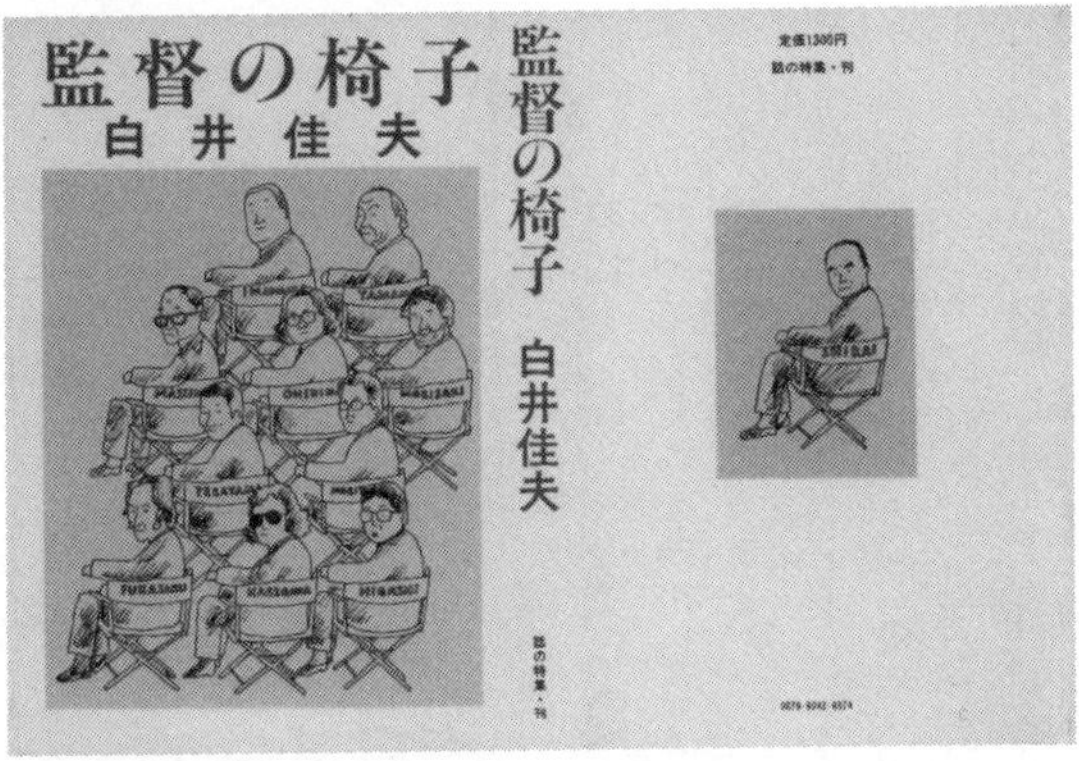

が本多作品らしい、というのはやっぱり観ていないとわかりません。
　この本の出版記念会で、本多監督に初めてお目にかかった。装丁を喜んでくれて、ぼくも嬉しかったけど、その後まもなく亡くなってしまって、それが最初で最後のチャンスになりました。
　あと、似顔で言えばジョン・フォードが二冊、ジェームズ・キャグニイ、ヘンリイ・フォンダ、ジャン・ギャバン、ダリル・F・ザナック、サミュエル・ゴールドウィン、ヒチコックの上下本、フランシス・コッポラ、ビリイ・ワイルダー、ジャン・ルノワール、などを自伝や評伝やインタビュー本でやっています。数が多いので、俳優や監督を描く、という点では共通していても、カヴァーのイメージが似ないように、描き方を変えたりしてます。ペンで描いたり筆で描いたり、フェルトペンで描いたり、色指定であったり、カラーインクで描いたり、色鉛筆を使ったり、グァッシュを使ったり、漫画ふうであったり、ややリアルであったり。得意なジャンルではあってもそれだからよけいに気を遣うこともあるんです。それを楽しんでいるんですけどね。

サミイ・デイヴィス・ジュニアの『ハリウッドをカバンにつめて』(81年・早川書房)はゲラを夢中で読んだ本の一つでした。サミイ・デイヴィス・ジュニアという人はたいへんな映画ファンなんです。それでぼくとしては大いに親しみが湧く。しかも彼はハリウッドで、ショウビジネスにたずさわって、映画の仕事もたくさんしています。交遊の相手もすごい人だらけ。で、この本は交遊録でもあり映画評論でもある面白いものでしたから、ぼくは彼の似顔だけでなく、彼が語る大勢の人たちの顔をまわりにちりばめました。カヴァー表にも裏にも。ぼくとしては本への賞讃の気持を込めている。時々そういうことがあります。と言ってもそれをあからさまに出すわけじゃなく、ぼくの気分だけです。デザインの出来とは直接関係ありません。

風変わりなところでは『私はいかにハリウッドで100本の映画をつくり、しかも10セントも損をしなかったか』(92年・早川書房)という題名の本があります。これはロジャー・コーマンの伝記です。なにしろ長いタイトルで、その上「ロジャー・コーマン自伝」という字が必要だし、コーマンともう一人伝記作家の共著で、訳の方も共訳で二人の名前が併記されますから、それだけでカヴァー表いっぱいになっちゃうくらい。それで困るか

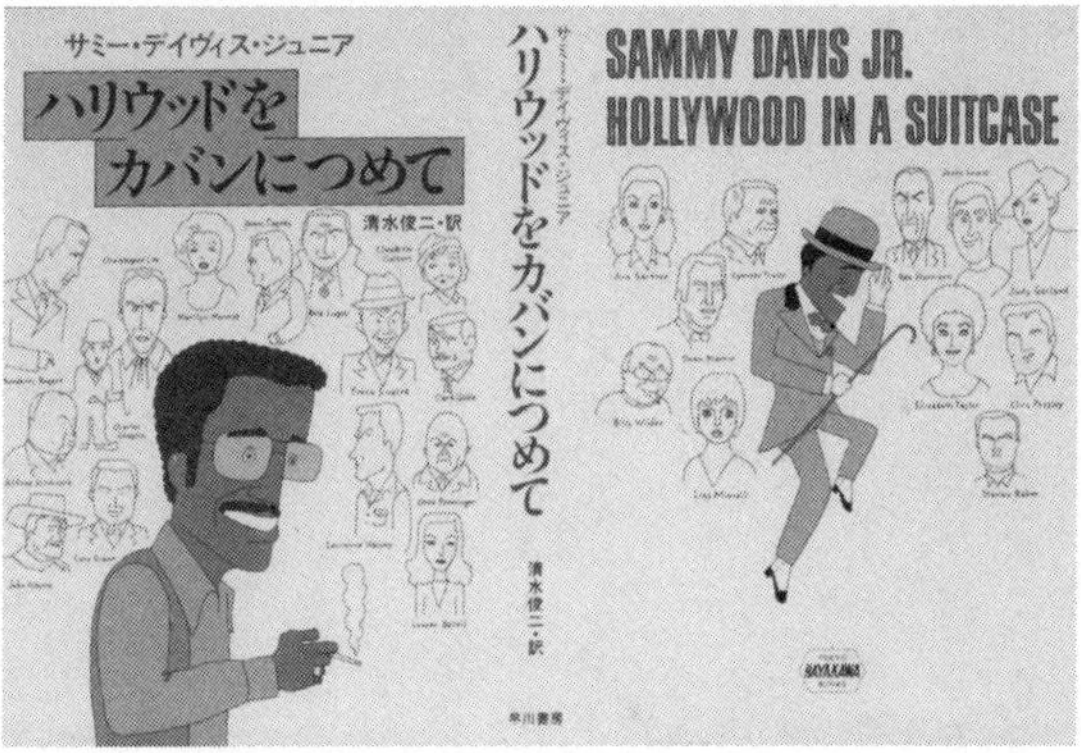

というと、それもまた面白いじゃないかと考えるわけですね。そういうすごい制約を逆手にとって面白いことはできないかと考える。そこでタイトルに変化を持たせようと思って、「私」「ハリウッド」「100本」「10セント」の文字を大きくしました。「映画」と「損」を中くらいの大きさにして、ひらがなも二種類の大きさで組んだ。都合四種類の級数の写植が一つの題名に同居してる。

　次に絵ですが、ロジャー・コーマン作品の中から「忍者と悪女」を選びました。コーマンという監督は、この題名からも想像できるようにハリウッドでも特殊な存在で、B級ホラーをたくさん作った人ですけれども、後進をたくさん育てた。その中にはジャック・ニコルソンもいるし、ピーター・ボグダノヴィッチもいる、という具合で尊敬もされているんですね。でも実に変な映画をたくさん作ってます。「忍者と悪女」というのは原題は「大鴉」ですが、ポーの詩は冒頭に朗読されるだけで、物語は何の関係もない、魔法使いたちの魔法合戦の話。題名といい、出演者といい、いかにもコーマン作品らしいんです。ボリス・カーロフとヴィンセント・プライスとピーター・ローレが主役の三人です。この映画の扮装をしている三人を描きました。色鉛筆でソフトなタッチで描いて、さっき言ったたくさんの文字要素をどんどん絵の上にスミで乗せました。

文字要素が多いので、絵の全体を覆う形になります。それで同じ絵をカヴァー裏の方にも置く。裏に置いた絵は文字が乗っていないので全部見えるわけですね。そんなふうに同じ絵が表と裏でまったく違う表情を見せる、というのがこの場合の工夫です。

長い題と言えば、この本より前に「アフリカの女王」撮影のエピソードをキャサリン・ヘプバーン自身が綴った『「アフリカの女王」とわたし　またはボギーとバコール、そしてジョン・ヒューストン。はじめてやってきたアフリカでわたしの頭はどうにかなってしまいそうだった。』(90年・文藝春秋)というのをやってます。この長い題名は原書のままなんです。原書のカヴァーには著者の映画中の写真が入っています。題名の文字はいくつかの大きさになっている。「アフリカの女王」とか「ボギー」というのは大きくなってる。罫線がある。この原書のデザインをそのまま踏襲してみようと思いました。文章も翻訳ですから、デザインにも翻訳というものがあってもいいでしょ。原書はもちろん横組です。日本語に置き換えられた文字は縦組にしました。日本の普通の縦組の本でもカヴァーの文字は横組、ということはよくあります。でもこの場合はデザインも翻訳という考えですから縦に組んだ。色も色数も同じにしました。ぼくのオリジナルデザインとは言えないんだけども、原書の気分を出すように努めた装丁です。スペースいっぱいに文字が入っているので、オビはなし。それも珍しい事柄に入るでしょうね。

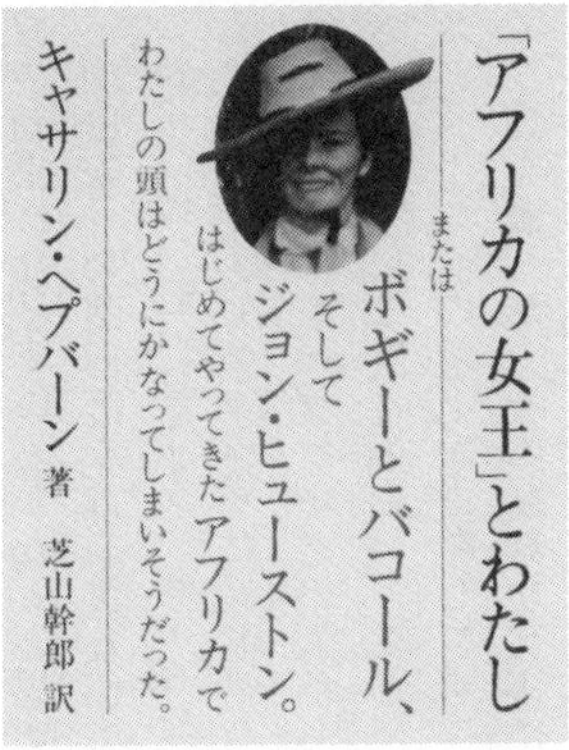
「アフリカの女王」とわたし
または
ボギーとバコール、
そして
ジョン・ヒューストン。
はじめてやってきたアフリカで
わたしの頭はどうにかなってしまいそうだった。
キャサリン・ヘプバーン 著
芝山幹郎 訳

松島利行さんは毎日新聞の映画記者だった人ですが、フリーになってから『風雲映画城』（92年・講談社）という本をまとめました。日本映画の撮影所、つまり映画会社ですね、大映とか東映とか、のルポを中心に映画史的に綴った本で上下巻です。

『風雲映画城』というタイトルは日本映画の黄金時代と言いますか、時代劇の盛んなころによくつけられた「風雲何々城」といった題名を思わせます。ぼくは上巻下巻をそれぞれ「花の巻」「雪の巻」というふうに勝手に解釈しました。内容的な解釈ではなく、題名からの連想で、昔は時代劇大作はよく前篇後篇の二部作になっていて、そんなようなサブタイトルがついていたんですね。それで上巻は全体にピンクにして白ヌキで桜の花びらが散っている地紋ふうな絵柄にしました。下巻はブルーの地色に雪が舞っている絵です。二巻揃うとまあ面白い効果になっているかな、と思います。

山田宏一の著作は全部じゃないんですがかなり装丁してます。『友よ映画よ』(78年・話の特集)は「わがヌーヴェル・ヴァーグ誌」と副題がついているように、著者のフランス留学時代、ヌーヴェル・ヴァーグの作家たちとの交友録になっています。六八年の五月革命でヌーヴェル・ヴァーグの人たちがカンヌ映画祭に殴り込みをかけたのがクライマックスになっていて実に面白い。トリュフォー、ゴダール、ルイ・マル、ポランスキーたちがスクリーン前の壇上を占拠してディスカッションを始めたんですね。著者はその現場にいて写真を撮った。その写真を装丁に使いました。横位置の写真なので、カヴァーの表から裏にまたがるように全面使って、人物に重ならないように文字を組みました。写真のちょうど中ごろにいるトリュフォーが背にくるようにした。ゴダールはカヴァー表にくる。写真と装丁の関係が意味の上からもうまくいった例だと思います。

ついでに言うと『友よ映画よ』というタイトルは、ぼくが友情を描いた映画について書いたエッセイにつけたものだったんです。山田宏一がヌーヴェル・ヴァーグの人たちとの交友を書いた本を出すに当たって、この題を使いたいというので喜んでOKしました。彼の方が現実に映画人たちと「友よ」という関係だったから、彼の方こそふさわしいタイトルだったんです。

山田宏一の本では『シネ・ブラボー』というのもぼくの命名です。「キネマ旬報」に彼が連載した時に、冗談半分にぼくが言い出した。「リオ・ブラボー」という映画をぼくたち二人とも大好きなので、それをもじりつつ「映画萬歳」という意味を込めてあります。

このタイトルでは勁文社で三冊の文庫（84年〜85年）になっています。

『美女と犯罪』（84年・早川書房）は題名通り犯罪映画に登場する女優たちを論じた評論集ですが、これも写真を使いました。この写真は映画のコマ撮りです。「三つ数えろ」から、ハンフリー・ボガートがローレン・バコールに煙草の火をつけているシーンのシルエットっぽい写真。カヴァー裏はその映画のエンドタイトルで、灰皿に煙草が二本というやつです。著者との話し合いで場面を決めて、写真はぼくが用意しました。著者との連携がうまくいった例だと思います。

『映画とは何か』（88年・草思社）は映画を作る側の、監督、俳優、女優といった人たちへのインタビューをまとめたかなり厚い本です。映画の中のいろんなジャンルのことが語られている。思いきって文字だけのデザインにしました〔五〇頁参照〕。「山田宏一映画インタビュー集」という副題も含めて、全部描き文字。描き文字でもいつもの漫画っぽいやつではなくて、活字ふうのものです。ですからぼくのデザインということにほとんど気づいてもらえないんですけど、よく見ると字と字がくっついたりしていて、手で描かないと出せない効果が出てることがわかります。よく見ると、ですよ。

山田宏一訳の本ではローレン・バコールの自伝『私一人』（84年・文藝春秋）があります。原題はBy Myselfです。「一人でやっていく」とか「一人きり」とか、訳し方はいろいろあると思うんですが、『私一人』はどう？　というぼくの案が採用された。彼の本の題名に結構貢献してるんです。

この本の時もぼくは絵を描かずに写真を使いました。原書はとても厚い本なんです。日本語にすると普通でも文字の分量が多くなります。その上、この訳者は読者のために懇切に註をつけるので、さらに厚くなる。原書には写真がいっぱい入っていて、アート紙に別刷りになっています。訳書でも通常は口絵という形をとるんですが、それをやるとますます分厚い本になるし、定価も高くなるだろう。

そこで考えたのは、ページを増やさずに原書に入ってる写真をみんな入れる方法です。装丁まわりにそれを入れることはできないか。カヴァーはアート紙を使います。まずカヴァーの表と裏に入れることができる。厚い本ですから、背にも写真を入れることができる。

ローレン・バコール
私一人
山田宏一訳
山田宏一訳
ローレン・バコール
私一人
LAUREN BACALL
By Myself
文藝春秋
文藝春秋　2500円　ISBN4-16-339200-9　C0074　¥2500E

そでの折り返しのところも前と後が使えます。カヴァーをとって、表1と表4にスペースがある。見返しも利用できる。扉もある。もっと空地はないだろうか。そう、カヴァーの裏がありました。この場合のカヴァー裏は表4側ではなくて、カヴァーをはずして裏返した面のことです。普通は裏側は何も刷りません。カヴァーの裏に刷った例がそれまでになかったわけじゃなく、ベタで色をつけたものや、地紋のような模様がついてるのを見たことはあるんです。でも写真や文字を組んだのはぼくの知識の範囲では見たことはなかった。これだ、と思ったんです。この面まで使えばかなりのスペースになります。もちろんそちら側も印刷すればそれだけコストはかかりますが、口絵を入れることに比べればずっと安上がりです。担当の松浦さんも賛成してくれて、この装丁が出来上がった。まあユニークな試みだったわけです。著者のバコールが出版のころにPRを兼ねて来日した時に、この装丁を面白いと言ってくれた、と訳者からききました。

見返しに写真を利用する手法はときどき使っています。映画の本の場合は、スチールや撮影時の写真がうまく使えて効果を上げることがあります。『友よ映画よ』では鏡の前に立つアンナ・カリーナのスナップ写真を使ってるんだけど、一枚の写真の左右に実像と鏡の中の彼女がいる。カヴァーにはそでがありますから、前見返しでは右側が隠れ、後見返しでは左側が隠れる。ですからこの場合は同じ写真を前と後に使っても実像と鏡の中の姿がそれぞれ出てくるという結果になって、面白かった。

山田宏一訳のトリュフォーの著作には「華氏451」の撮影日誌『ある映画の物語』（86年・草思社）や『アメリカの夜』（88年・草思社）があります。カヴァーも写真ですが、見返しもそれぞれの映画の写真、前見返しと後見返しと別の写真を使ったので豊富な感じになりました。

山田宏一・奏早穂子の『映画、輪舞《ロンド》のように』（96年・朝日新聞社）という本があります。映画のさまざまな話題を輪舞のようにつなげて語ってゆく対談集です。この装丁をする時、ぼくは「映画」と「輪舞」の二つの言葉をイメージする絵柄が欲しいと思いました。「映画」というとまず思いつくのはフィルムですね。ぼくも映画のフィルムはかなりデザインに利用していますけど、この場合はフィルムでなく、フェナキスチスコープにしました。フェナキスチスコープというのはアニメーションを見る一種のおもちゃで、スリットのついた円盤のまわりに少しずつ動く絵を描いておいて鏡に向けて回転させて、鏡に映る像をスリットから見ると動いて見える仕掛けです。原始的なアニメーションですが、フィルム以前の映画と考えてもいいわけですから、これを使った。古いものが図版で残っていますけど、アニメはぼくが描きました。踊る男女の絵です。アニメにするために十三ポーズ描いたので、十三組の男女のように見えて、丸い絵のイメージとともに「輪舞」という気分が出ました。絵のヒントはフレッド・アステアとジンジャー・ロジャースです。二人が踊るコマ撮りの資料があったので参考にしましたが、対談の中でアステア＝ロジャースのことは語られていないので、踊るポーズを参考にした程度で、似顔にはしませんでした。

この本でも見返しに映画のシーンの写真を使っています。前と後と別の写真ですが、どちらも「8½」の大勢で踊っているシーン。

見返しに写真を使った例で言うと、橋本文雄、上野昂志の共著『ええ音やないか』（96年・リトル・モア）があります。映画評論家の上野さんが録音技師の橋本さんにインタビューした本です。橋本さんは戦後すぐから映画の録音の仕事についた人で、橋本さんのキャリアを通して「音」から見た映画史が語られている、分厚くて面白い本。前見返し後見返しに集合写真を使いました。集合写真というのは撮影所のしきたりで、クランクアップの日にスタッフ全員と出演者がみんな並んで記念撮影をする。ここでは「幕末太陽傳」の時のと、「王手」の時のを新旧ということで使ったんですが、今見ると「幕末太陽傳」なんかすごい顔ぶれが並んでる。

カヴァーはサウンド・トラックのイメージにしました。音の話ですから、なかなかむずかしい。監督ならディレクターズ・チェア、撮影技師なら映画のキャメラ、と具体的に浮かぶものがあるけど、録音の機材だと絵になりにくいし、描いても一般の人には何だかよくわからないかもしれない。ちょっと悩んでサウンド・トラックにしたんですが、サウンド・トラックというのはフィルムの左端についてるギザギザのパターンで、光を通すことによって音に変わる。フィルムのコマと比べて実際よりも大きな比率で描きました。

「ええ音やないか」というのは京都生まれの橋本さんが仕事中よく発する言葉で、森田芳光監督の意見でこの題になったんだそうです。

この本とちょうど同じころに『にっぽん脚本家クロニクル』（96年・ワールドマガジン社）が出ました。これは脚本家の桂千穂さんが大勢の先輩、後輩の脚本家にインタビューしたもので、こちらも分厚くて面白い。

脚本家をイメージする具体的なものは何かと考えました。原稿用紙と筆記用具ですね。筆記用具は鉛筆の人もいるだろうし、万年筆の人もいるだろう。現在ではワープロの人もいるだろう。で、カヴァーには鉛筆、表紙には万年筆、扉にはワープロを描いた。もう一つのイメージは刷り上がったシナリオです。それも使いたい。登場するのは大勢の脚本家ですから、誰か一人の人の作品というわけにはいかない。そうなると全篇通して登場する桂千穂さんのシナリオになります。「ふたり」という作品の一部をカヴァーの下地に使わせてもらって、カヴァー表は題名著者名と鉛筆、カヴァー裏には登場する人たちの名前をずらっと並べました。

『ええ音やないか』と『にっぽん脚本家クロニクル』が同じ時期に出たので、出版記念会がたまたま同じ日、同じ時間にぶつかってしまった。発起人が

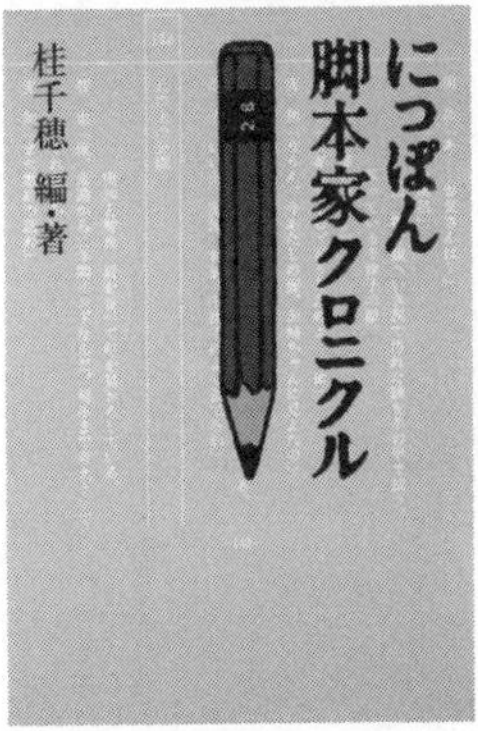

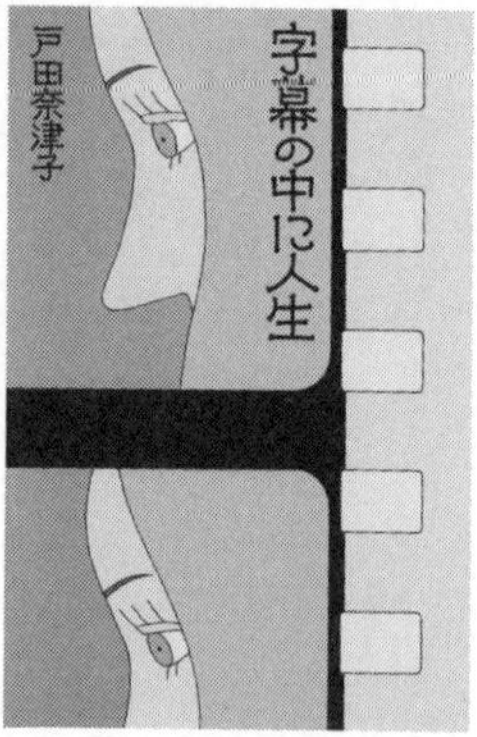

別の人たちだから仕方ないんですが、どちらも日本映画界の現場の人の本だからよばれた人はかなり共通しちゃうんですね。かけもちで出席した人も多かったみたいです。

戸田奈津子さんの『字幕の中に人生』（94年・白水社）という本は、現在映画の字幕翻訳の第一人者である戸田さんのエッセイ集で字幕の話が中心です。戸田さんの先生にあたる清水俊二さんの『映画字幕五十年』（85年・早川書房）の装丁もしましたが、あの時はぼくの描き文字を使いました。で、もう一度字幕の本です。今度は字幕に使う文字を使いたいと思いました。字幕に使われる描き文字には特徴があります。子どものころから外国映画には決まってあの文字が使われていて、すっかり馴染んでいたし、それにあの書体が好きだったんです。

最近は必ずしもあの書体だけでなく、映画によっては写植の文字が使われたりしていますが、ぼくには、あるいはぼくらの世代の映画ファンにとっては、あの書体でないとスーパーインポーズ——つまり字幕ですね——の感じがしない。

あの書体は手書きということのほかに実用に応じた特徴があるのだということを昔きいたことがあります。昔は字幕は直接フィルムに文字を打ち抜くという技法がとられていた。

そのため、例えば口のような字はスポンと抜けて、四角い穴になってしまう。それでは困るので、線の四隅をすべて接しないように書く――抜け落ちないようにするわけですね。ですから半濁音、パなんかの丸も輪っかの一部が離れたままにする――というスタイルが考案された。それが洗練されて字幕独特の書体になったということです。今は方式が近代化されて、丸がスポンと抜けることはないでしょうが、書体は確立されて残っている。

字幕についての本ですから、是非その字を使いたいと思ったわけです。自分で真似して書くこともできなくはないのですが、やはりその道のプロに書いてもらった方がいいと思って、著者を通してお願いして、専門家の片平浩さんをわずらわせました。字幕の書体による題字ができたというわけです。

赤瀬川隼さんは直木賞作家だけれども映画がお好きで、映画エッセイ集『あ、またシネマ彗星だ』（95年・キネマ旬報社）を出しています。「キネマ旬報」連載中にずっと読んでいましたから、内容はほぼ知っていましたが、タイトルの印象からカヴァーには「シネマ彗星」らしきものを描きました。それは昔のユニヴァーサルのマークなんですね。ユニヴァーサルの代わりにシネマという文字が入っている。ただし昔のマークなのでちょっとノスタル

ジックなイメージです。著者は新しい映画のことを中心に記しているんですけど。

山田宏一の新しい本は『エジソン的回帰』（97年・青土社）です。映画はまずアメリカでエジソンが発明し、次の年にフランスのリュミエール兄弟が完成させた。というのは、エジソンの作った装置は覗き穴から一人で見るものだったんです。それをリュミエール兄弟はスクリーンに投影できるように工夫しました。現在の映画のスタイルですね。ですから、「映画百年」などという時はリュミエール兄弟を起点にしてます。

ところが現在はヴィデオで映画を見ることが盛んです。ヴィデオは通常はスクリーンに投影しないし、一人で見ることが多い。これはエジソンが発明した姿に近いんじゃないか。というのが題名の由来です。現在ヴィデオで見られる作品について論じられているわけ。

ぼくはカヴァーにエジソンと「メトロポリス」のロボットを描きました。これは装丁を依頼された時に、著者の山田宏一が——彼は装丁の依頼には必ず編集者と同行するのですが——エジソンが映画を発明した時は、「メトロポリス」で博士がロボットを作る場面と似たような気分だったんじゃないか、というようなことを話したのがヒントになっています。こういう絵を描いてくれと言われたわけではないんですが、著者との会話が発想をうながす、という例です。エジソンが作ったキネトスコープも資料を捜して描きました。それを背と扉に使っています。

それともう一冊、『山田宏一の日本映画誌』（97年・ワイズ出版）というのがあります。

これは彼が「カイエ・デュ・シネマ」の同人であったころに書いたフランス語の評論から始まって現在に至る日本映画論の集成です。『映画について私が知っている二、三の事柄』のためにぼくが描いた挿絵をカヴァーに使うというのが著者の希望だったので、描きおろしをそれに加えて、六点の絵をスミで刷り、まん中に書名をブルーで入れました。二色のカヴァーですが、カラシ色のオビがプラスされて三色の効果が出ています。

8　先生たちの本

編集者は作家やデザイナーを「先生」と呼ぶことが多いですね。まあぼくらも先輩をそう呼んでもいいんですけど、ぼくはあまり「先生」は使いません。自分が先生と呼ばれるのも好きじゃないです。前は「先生なんて呼ばないでください」と頼んでいましたが、最近は年をとってきたせいもあってますます「先生」が増えてきた上に、いちいち断るのもめんどくさくなってきちゃった。でも、とにかく先生とは呼ばれたくない。したがって人を先生とは呼ばない。

というわけなんですけれど、本当の先生は別です。本当の先生というのはつまり学校の先生ですよね。当たり前ですけど先生と呼ぶのに何の抵抗もありません。

小学校から美術学校を出るまで――ぼくは幼稚園には行ってないんですが――というと十六年間ですか、先生は数多いです。小学校は三回転校してますし。でもその中で恩師と呼べる人は三人だけです。三人だけって、三人もいれば幸せじゃないか、と誰かに言われたことがあったけど。

最初は小学校四年から六年の担任、柳内達雄先生。この先生がある日授業を始める前に、「今日、朝日新聞に載ってた政治漫画がとても面白かった」と言ったのが、ぼくにとってはすべての始まりになったんです。このことは何度も書いたりしゃべったりしましたが、その政治漫画は清水崑の作でした。学校から帰ってすぐその漫画を見て「なるほど」と思い、家に残っていた朝日新聞から清水崑の漫画を切り抜いて、次の日から目に入る清水崑の絵はすべてスクラップするようになりました。当然この人の影響を受けます。自分も似顔を描こうと思うようになる。すべての始まりというのはそういうことなんです。

ほかにも柳内先生は、いい文章を読む面白さとか、自分が文章を書く楽しさとか、文章が映画になるっていうのはこういうことなんだ、とか、いろいろなことを教えてくれた。これらはすべて、ぼくの現在のいろいろなこととつながっています。まさに恩師です。

ずいぶん後に、ぼくが仕事を始めてからのことですが、クラス会で先生に久しぶりにお会いしたので、「朝日の政治漫画が面白かった」というひとことから、ぼくは今こんなことをやってるんですと話したら、先生はビックリしてました。そんなこと言ったかい、なんて言ってる。そりゃそうですね。授業前の何気ないひとことですもんね。でもそれが一人の生徒の人生に影響を与える。「ふーん」て、先生は感慨深げだったですけど。で、思うに、政治漫画のことを心にとめたのはぼく一人だっただろうけど、ぼくが聞きすごしていた先生の発言が、別の生徒の人生に影響を与えてるかもしれない。偶然そういうことにぶつかった幸運が、生徒が先生を恩師と認識させるのかもしれない。

柳内先生は児童文学に造詣の深い人でした。学校の先生を辞めてからは教育研究所で働く傍ら、児童書の出版社の相談役などもしていて、その仕事の一つとして至光社の「ひろば」という雑誌の企画があったんだけど、そこでぼくは清水崑さんと対談をさせてもらいました。小学校の時のひとことから三十年近くたって憧れの清水さんと引き合わせてくれたわけです。

高校二年の担任は小沢郁郎という世界史の先生でした。この人は戦時中、商船学校にいた。つまり船乗りの学校ですね。けど戦争が激しくなって商船学校は日本海軍の傘下に入らざるを得なくなった。それに反対する商船学校の先生もいたけれども、生徒たちは戦争にかり出された。目の前で死んだ同級生もたくさんいて、でも終戦となり、戦後東大で歴史を学んだ、という人です。

体験が凄いことと関係あるのかどうか知りませんが、面白い先生でね。授業もとても面白かったらしいんです。らしい、というのはぼくはどの時間もまるで授業をきかずに、同級生や先生の似顔ばっかり描いてたんですね。それがぼくの修業の期間でありまして、似顔はうまくなったけど、勉強はまるでできなくなりました。で、先生たちに叱られる、大学受験はどうすんだ、って言われる。そんなとき、この小沢先生だけは、いいよいいよ、俺が似顔に点つけてやるから、なんてぼくを励ましてくれました。すごく有難かったわけですよね。

大学は多摩美で、この時期の恩師は山名文夫先生。一年の時は日本のグラフィック・デザイナーの草分けのような、大変な年配の教授が担当だったんですが、その時点ではすでに現役ではなく、むしろ歴史上の人物と言ってもいいような人で、現代デザインが語れなかった。これからデザインの勉強だ、って張り切ってるわれわれは大いに不満を持ちました。

二年になると、モダンアートの画家が担当になった。この人はデザインがわからなかった。自分が属してる流派の絵画のスタイルだけを認めるような人でした。学校としてはこういう人の授業をカリキュラムに入れることによって、芸術的な感覚を身につけさせようと思ったんでしょうが、こっちはデザインやりたくてうずうずしてるんだから抽象絵画なんかどうだっていいんです。でも要領のいい生徒はその画家のようなスタイルで抽象画を描いてくる。そういうのにいい点がつく。これも不満でした。

三年になって初めて山名先生が担当された。山名先生は当時資生堂宣伝部の顧問格で実際にバリバリ仕事をしていて、ですから教室で語る言葉もきわめてアップ・トゥ・デイトなものでした。俺たちはこれを待ってたんだ、と思いましたね。山名先生はちょっとコワイところもあったけど、大きな人柄で、生徒たちの個性をよく見ようとしてくれました。

資生堂出身の大物デザイナー、イラストレーターはたくさんいます。みんな直接的、間接的に山名先生の影響を受けていると思います。ぼくの場合は作風こそ別のものだけど、まったく別のスタイルのぼくの絵やデザインに、適切な批評をしてくれたこと、これはずいぶん励みになりました。恩師ですよね、やっぱり。

というわけで、先生方の著作の装丁の話をしようと思うんですけど、柳内先生には『花』(79年・あかね書房)という著書があります。残念ながらこれは亡くなった後に出版されたもので、五〇年代から七〇年代にかけて雑誌などに先生が発表した文章のアンソロジーです。生前にも著書はかなりあったのですが、ぼくが装丁したことはなかったんです。亡くなって一年後にこの本が出て、編集委員会の人たちから装丁を依頼されたんですね。恩師の本ですから、頑張ってデザインしました。

箱入りの立派な本で、タイトルの「花」は先生の字を使いました。その字というのは先生のガリ版の字です。先生はガリ版の字を書くのがとてもうまかったんです。ガリ版でぼくたちの文集を作ってくれる。レイアウトがお洒落でセンスがよかった。戦後すぐの話ですよ。あ、ガリ版と言っても若い人はわかんないかな。謄写版ですね。それ用の油紙をヤスリのようなものに乗せて鉄筆でガリガリと書く。油紙のその部分がヤスリに沿って点々で切れる。油紙の上からローラーにインクをつけて刷ると、紙に転写される、という理屈ですね。昔は学校では当たり前の単純な印刷方式だった。試験問題なんかみんなこれで刷られる。だから先生たちがガリ版を刷るのは当然のことだったわけですが、やっぱり人によってうまい下手があります。柳内先生はメチャうまかった。そのうまさは熱心さによるものだとぼくは思ってます。

熱心さと言ってもいわゆる教育熱心というのとは違うんですよ。面白いもの、いいものを子どもたちに伝えることの熱心さというのかな。ほかの先生が見向きもしない、例えば『くまのプーさん』をぼくたちのクラスの柳内先生は国語の時間に教科書をほったらかして読んでくれるとかね。

当時のガリ版文集をとってあったから、その中から一所懸命「花」という字を捜して、拡大してタイトルに使ったわけです。ガリ版の字ですから拡大するととても面白い効果が得られました。

あとは小さなカットと、箱の表には花の絵、箱の裏にはブタの絵を置きました。いずれもぼくが小学校の時に、先生が刷ったガリ版の文集の余白に押したハンコです。当時はリノリウムに彫刻刀で掘りました。戦後すぐの話なので、ハンコは残っていません。装丁のために再現しました。

この本の出版のあと、先生の奥さんにお会いしたら、「彼が生きてたらどんなに喜んだでしょう」と涙ぐんでおられましたけど、ぼくも同じ気持ですよね。

そして小沢郁郎先生。小沢先生はぼくが高校を卒業するころ、小説を書いていました。

趣味、という部分もあったかもしれないけれど、それよりも自分のあの時代の体験、戦争中の体験を記録しておこうという意思が強く働いていたと思います。短篇もあったけど、とても熱心に書いたのが『破魂』というかなり長い小説です。「商船学校騒動始末記」というサブタイトルがついていました。ぼくは当時、原稿用紙を綴じたもので読ませてもらっています。

小沢先生は数年後にそれを自費出版しました。それが新潮社の目にとまった。で、新潮社から改めて出版（79年）されたんです。その時に先生から装丁を依頼された。新潮社の担当者栗原正哉さんは、先生とぼくとの関係を知らないから、先生がいきなりぼくを指名したのでビックリしたらしいですね。

題名は『破魂』から『青春の砦』に変わりました。言葉がちょっと甘くなって先生は不満らしかったけども、商業出版では『破魂』は向かないと説得されたらしいです。ぼくも小沢先生の小説の題名らしくないな、とは思ったんですけど。

でも決まっちゃったんだから仕方ない。ぼくは『青春の砦』という文字を自分の活字体描き文字で描いて、中に色のグラデーションを入れました。文字だけの地味めの装丁ですけど、先生は喜んでくれました。喜んだけど、一つ問題があったんです。先生は小沢という本名でなく、大谷直人というペンネームでこの小説を発表しました。ところがぼくは新潮社の雑誌「波」に依頼されて、PRのために小沢先生と小説のことを書きました。当然固有名詞は大谷ではなく小沢先生になります。先生は現役の高校教師だから、本名が大っぴらになるのは好まなかったんですね。それに小説の内容がリベラリストの教官に対して軍国主義丸出しの人々が悪役としてたくさん出てくる。生存中の人も少くないし、小説の形をとってるけど、当事者ならモデルは想像がつく、というので、厄介を避けたいという気持もあった。そこへ大っぴらに書いちゃったものだから、先生は「余計なことをする！」と怒ってたようです。直接には言われなかったですけど。

その先生も亡くなっちゃった。六十歳になる直前でした。その後、先生の本がもう一冊出ました。『世界軍事史』（85年・「世界軍事史」出版協賛会）という本。題名だけきくと軍国主義的に思えるかもしれませんが、実際は逆で、先生は自分の体験から戦争はバカバカしくむなしいもの、と思っていました。でも情緒的に戦争はむなしいと言うだけでは意味がない、自分は歴史の教師なんだから、歴史上の戦争を研究することから始めよう、と思ったらしいんですね。有史以来、人間は戦争ばかりやっている、それはなぜか、ということを一つ一つチェックする、という研究だったんですが、志なかばで亡くなった。でも膨大な草稿とメモが残されていました。それを仲間が出版協賛会を作ってまとめたのがこの本です。したがってまだ推敲されていない、という難はあるのですが、先生が言おうとしていたことは伝わると思いますね。出版協賛会の人たちは先生とぼくの関係や『青春の砦』を知っているので、ぼくに装丁を依頼したというわけです。

　戦争というものを先史時代から説き起こしてベトナム戦争に至るまで論じている本で、ぼくも手持ちの資料の中から中世の布陣の図をカヴァー表に、近世の大砲の図をカヴァー裏に、古代の戦車の図を表1に、第二次大戦のロケット弾の図を扉に使いました。文字は自分流写植書体です。出版の性質上、経済的に作りたかったので、特色二色に色数をおさえてあります。

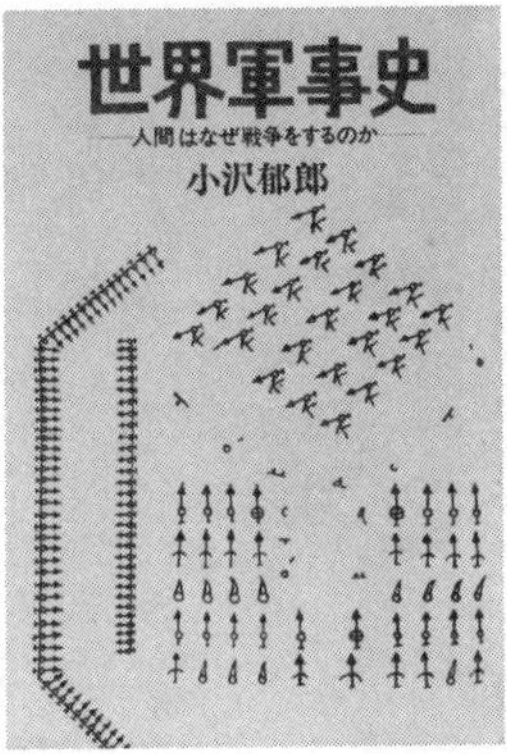

　次は山名先生で、山名先生にももちろん著作はあるのですが、先生自身がデザイナーなので、装丁は自分でされる。先生もすでに故人です。遺稿集がもし出来るとしても、一番弟子二番弟子みたいな人が山ほどいるので、とてもぼくのところには回ってこないでしょう。

　ぼくが教わった先生ではなく、子どもの幼稚園の園長さん、徳永五郎という方の著作の装丁もしました。この方はキリスト教の牧師さんです。幼稚園もやっている。幼稚園も普通、祝日は休みです。でもこの幼稚園は二月十一日の建国記念日は休まなかった。園長先生から父兄に手紙が来て、建国記念日とは昔の紀元節である、紀元節を祝うのは軍国主義につながる、自分は軍国主義反対の立場なので、この日は祝えない、したがって休みとはしない、という内容でした。この意見に反対する父兄が多かったんです。国民の祝日だから世間と同じようにすればいいじゃないか、という人もいたし、建国記念日と紀元節は現代では別ものじゃないか、という人もいたし、一緒に幼稚園に抗議しに行きましょう、という人もいた。しかしわが家は園長先生の意見に従いました。そしてぼくは園長先生に手紙を書きました。「ぼく自身の事務所もその日は休みます。ですから先生と共闘しようというわけじゃありません。しかしいい幼稚園だと思ってあなたの幼稚園を選び、子どもを通わせています。その園長先生が正しいと思ってやっていることには従いたいと思います。反対意見も多いようですが、頑張ってください」というような内容の手紙でした。

園長先生はぼくの手紙を喜んでくれたようでした。そしてその数年後に装丁を依頼されたんです。徳永先生は牧師という立場からも、ヒューマニストである個人の立場からも、戦争に強く反対し、差別に反対していました。特に朝鮮の人たちに対する差別を憎んで運動をしていました。そういう考え方を文章にまとめたのが『その人をその人として』(85年・日本基督教団出版局)なんです。

これも安く上げたいタイプの出版なので、カヴァーは特色三色刷り。並んで咲いている花を描いたんですが、大きな花もあり、小さな花もある。小さくしょぼくれた花もある。でも空には等しく虹がかかってる、とそんな気持の絵なんですが、徳永先生は「内容をよくわかってくれた表紙で嬉しい」と言ってくれました。ぼくも嬉しかった。

　ぼくが「先生」と呼ぶ人がもう一人います。毛利子来先生。この方は小児科のお医者さんです。うちの子どもたちのかかりつけのお医者さん。「先生」と呼ぶのは当然でしょ。

　毛利先生は普通の町の小児科のお医者さんです。長男が小さいころ、たまたま毛利小児科のそばにぼくは住んでいたんです。つまり近所のお医者さんだった。子どもが熱を出したりするとおんぶして行くわけですね。いつも普段着で診察してくれる。白衣だと脅える子どもがいる、という配慮なんだと思います。

　この先生は本をたくさん書く人でした。子どもを時々看てもらいながらお近づきになり、やがて装丁を頼まれるようになりました。毛利先生の基本的な考え方は、子どもは一人一人違うんだ、ということで、平均身長とか平均体重などを重要視して、わが子はそれより多いとか少ないとか言って母親が一喜一憂することはナンセンスだと言ってくれる。これでずいぶんお

母さんたちの気持が安まるんですね。わが家もそうでした。

『若い父母へのメッセージ』（80年・朝日新聞社）が、お医者さんと病気した子どもの親父という関係が著者と装丁家の関係に移行した最初の機会だったと思います。と言ってもこの時長男は五歳、次男は一歳だったので、相変わらずかかりつけの先生でもありました。父と母が小さい子どもの手をひいて歩いている絵をカヴァーに描いた本です。

『赤ちゃんのいる暮らし』（83年・筑摩書房）、『幼い子のいる暮らし』（84年・同）は育児書ですが、毛利先生の本ですから、いわゆるハウツウものとは違う。子育ては苦しいもんじゃない、楽しくやらなきゃ、という思想に裏うちされてます。ぼくも楽しい本に仕上げたいと思って、絵をたくさん描きました。カヴァー表、カヴァー裏。この手の本は繰り返し読まれるためにカヴァーがとれるケースが多いので、表紙にもカヴァーと同じ絵を刷りました。見返し、扉、口絵、本文にたくさんのカット。絵はうちの子どもの写真が赤ん坊時代からたくさんありますから、参考にしながら描きました。子どもの生活の絵は想像でも描けるんですが、写真を見ると、想像だけでは思い浮かばない、可愛い手つきとかポーズがあるんですね。

ちくま文庫の『新エミール』（85年）、『いま、子を育てること』（86年）、『新編 若い父母へのメッセージ』（88年）も、うちの子どもたちの写真を参考にしました。写真を見て描いても、似顔絵にするというわけではなく、子どもらしさを参考にした、ということです。

『子どもとの関係、変えてみませんか』（86年・筑摩書房）という本は育児書とは少し離れて、毛利先生が子どもをとりまく社会のことを評論したものです。うちの下の子が幼稚園の時描いた絵が面白かったので装丁に使いました。人体解剖図を描いてるんです。まったくでたらめな図なんだけど、感じは出てる。何かで見て記憶してたんでしょうね。しかも目が物を見ているところまで描いてあって、なかなか面白い。大人のぼくには絶対描けない絵です。色指定はぼくがしましたけど。

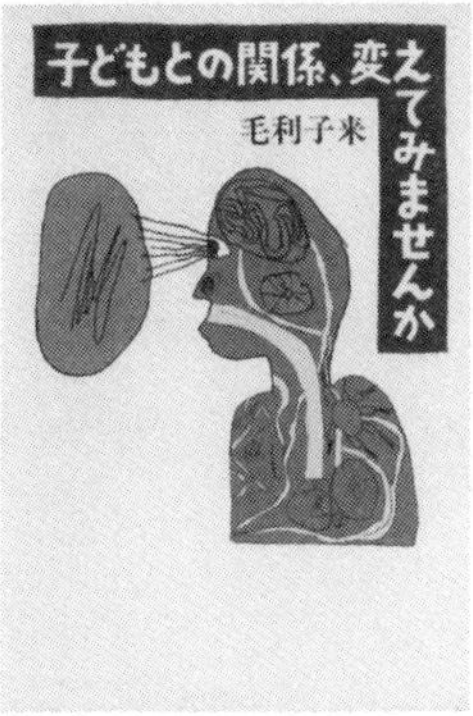

『ひとりひとりのお産と育児の本』（87年・平凡社）は分厚い育児書です。妊娠中から幼児くらいまでのお母さんのための実用書ですが、お父さんも読んでほしいと毛利先生は言ってます。実用書とは言っても「ひとりひとりの」と題名にあるように、赤ん坊だって一人一人違うんだ、という著者の主張が盛りこまれている。ぼくは石ころをたくさん集めて、ひとつひとつに赤ち

ゃんの顔を描きました。それを写真に撮って、カヴァーの表と裏に使いました。箱入りの本で、箱にも同じ写真を入れました。

『甘えん坊カンタータ』（89年・新潮社）は〝人間性の解放〟というテーマを〝甘え〟という言葉に置き換えて論じた本ですが、珍しく文体も形式もちょっと気取って書かれてます。〝カンタータ〟という言葉のごとく、音楽用語で章分けしたりしてる。ぼくもカヴァーを音譜に見立て、五線紙に当たるところをグレーで、題名、著者名は音譜のような字を書いて、スミで刷りました。グレーと黒、ちょっと見は一色刷りみたいな感じ。楽譜というのはそうですから。中身の文体や形式と合わせたデザインにしてみたんです。

『新編　小児科の窓口から』（90年・ちくま文庫）のカヴァー絵は、毛利先生の医院の受付に行ってスケッチしてきたものです。鉛筆の絵をそのまんま使いました。

『たぬき先生の人生相談』（95年・岩波書店）は、いつも子どもを通して世界を見ている思想家でもある毛利先生の気が楽になる人生相談ですね。毛利先生の名前は「子」が「来」ると書いてタネキと読む。小児科のお医者さんにはぴったりの名前だけど、本名です。でも当然みたいに、子どものころからタヌキと渾名されていたそうで、お医者さんになってからもタヌキ先生とよく呼ばれる。開き直って、自分でも著書の題につけちゃった、というわけで、ぼくも聴診器を持ったタヌキを、いくらか似顔っぽく描きました。「人生相談」の字を三角形の中に入れたのは、デザイン処理でもあるんですが、役所の相談窓口に置かれた四角錐を少し意識しています。

毛利先生の本はもっとありますが、以上を抜粋させていただいて、「毛利子来の親子塾」の話を。晶文社のこのシリーズは八七年に一か月に一度刊行という形で六冊作られました。親と子の問題をいろいろな角度から論じた、講演や対談のアンソロジーです。毛利先生を代表とする編者によるもので、毛利子来編著『子どもと大人のほんとうは』、向井承子編著『お母さんの仕事お父さんの仕事』、片岡輝・池ヶ谷直美著『性や死について話そう』、林郁編著『家庭をおもしろくする法』、松岡猛編著『パパの生きかた知ってくれ』、岡島治夫著『母と子をつなぐ出産術』の六冊。

まず、シリーズ名のロゴを作ってカヴァーの右上に置き、左には編著者名、まん中にどんとくる題名はぼくの写植用文字、それぞれに合った絵をロットリングで描いて色指定、みんな白バック、カヴァー裏には目次が刷られてる、というシリーズです。

晶文社の本は主に平野甲賀さんのデザインで、晶文社らしいムードの統一がなされていていいんですね。晶文社らしいデザインというよりも、デザインが晶文社らしさを作ったというか。ですからぼくのような別のデザイナーが装丁をするのは珍しいことなんですが、犀のマークが入りますから、そこだけは晶文社らしくなった。マークを入れなければならないというのは、普通だとつらいことなんですが、この場合は犀マークが好きだということもあって、逆に嬉しかったですね。

9　シリーズものの装丁

立派な美術全集などの依頼はありませんが、シリーズものはときどき依頼されます。最初からシリーズとして企画されるものと、とりあえず出版されたものが好評だったので連作となり、結果的にシリーズとなる場合があります。

後者の例で言うと、平野威馬雄の「マジメな話」シリーズ（73年〜76年・平安書店）がありました。平野威馬雄という人はうちの妻の父親でありまして、フランス文学者でもあり詩人でもあり、真面目な本もたくさん出していますが、どういうわけかUFOとかオカルト現象に興味を持って、そっち方面の本もいっぱい書きました。で、このシリーズはまず、『円盤についてのマジメな話』が出た。七〇年代の初めごろで、UFOだの、ユリ・ゲラーの超能力だの、スプーン曲げ少年だの、ノストラダムスだのがブームになっていまして、平野さんは五〇年代から空飛ぶ円盤の本を書いたり翻訳したりしていましたが、ブーム到来で、この『円盤についてのマジメな話』が売れたんですね。それで『宇宙人についてのマジメな話』、『ヒューマノイドについてのマジメな話』、『お化けについてのマジメな話』なんてのを次々に書きました。

最初の本は街の上を飛ぶ円盤をカラーインクで描きました。青紫の空に赤い円盤がオレンジの尾を引いて飛んでいる絵です。これをカヴァー表に使って、カヴァー裏は同じ絵を同じ位置に置いたんですが、色だけ変えました。四色に分解したアミ版の、アカ版とアイ版を取り替えたんです。すると青紫の空は赤紫になります。赤い円盤は青い円盤に、オレンジの尾は黄緑になる。同じ絵柄だけの色違いの二枚の絵を描いたように見えるんですね。

本がシリーズ化されたので、ぼくもずっと同じ手法を使いました。『宇宙人についてのマジメな話』では緑色の空に青とオレンジの宇宙人を描いて、カヴァー裏はアカ版とアイ版を取り替えるので、茶色の空に赤と緑の宇宙人になる。空には黄色い星が出ていますが、キはアカ、アイを取り替えても関係ないのでそのまま黄色で残る、というのもちょっと面白い効果になりました。

阿刀田高さんの『ギリシア神話を知っていますか』（81年・新潮社）も、シリーズになるとは気づかずに装丁したものですが、その後八三年に『アラビアンナイトを楽しむために』、九一年に『旧約聖書を知っていますか』、九三年に『新約聖書を知っていますか』が出て、シリーズ的な扱いになりました。それで書体やレイアウトや絵の具や描き方を最初の『ギリシア神話』に合わせています。絵はそれぞれの資料をもとに、グアッシュで描いています。

最初からシリーズとして企画されたものとしては「楽しみと冒険」（79年～80年・新潮社）があります。十巻のシリーズで、地図の話、男女の話、食の話、酒の話、ゲームの話、スポーツの話、乗物の話、生活の話、言葉の話、本の話とテーマを分けたエッセイのアンソロジーで、それぞれに編者がいます。辻邦生編『地図を夢みる』に始まって、丸谷才一編『ポケットの本　机の本』で終わる十巻。

シリーズなので、まずマークを考えました。本の背には同じ位置にマークを置いて棚に並んだ時にきれいに揃うようにして、カヴァー表には巻によって別の場所にレイアウトしました。このマークをずらっと並べて地紋のようにしたものを、見返しに使いました。洒落た見返しになったと思います。マークのモチーフはカジキマグロです。『老人と海』の老人が釣り上げる魚ですが、ぼくは「楽しみと冒険」という言葉からヘミングウェイを思い浮かべて、カジキマグロをマークにしたんです。

シリーズ名は六字です。それをこんなふうにしてみました。「●楽しみと冒険●1●」。数字は巻数です。こうすると十文字になる。で、一巻はいちばん上の丸をアカにしました。ほかはスミ。二巻は上から二つ目、「楽」をアカにする。巻を追うにしたがってアカが下に降りてきて、十巻目はいちばん下の丸がアカになります。文字も丸で囲みましたから、棚に揃うとアカ

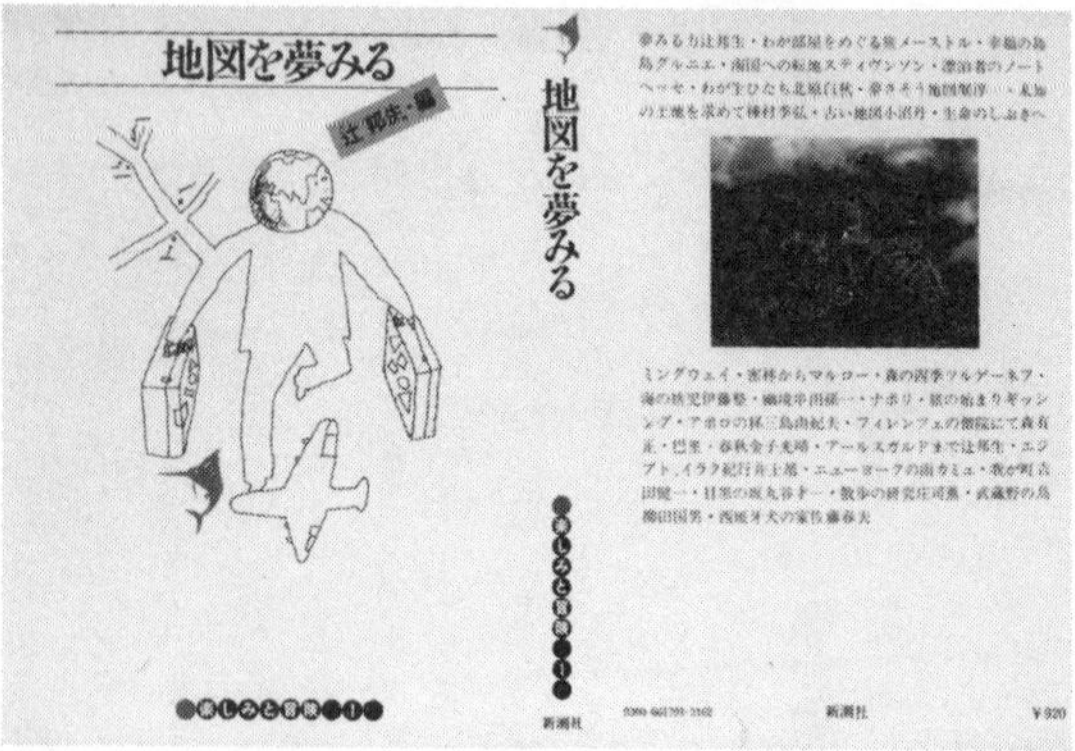

丸がだんだん下に降りてくる仕掛けがわかります。

カヴァー表にはそれぞれの巻のテーマを表わすイラストレーションをロットリングで描きました。カヴァー裏には写真を置きました。写真は全部ぼくが撮ったものです。外国旅行した時のもので、地図の話の巻には飛行機の窓から撮った街並、男女の話はフィンランドの公園のカップル、酒の話はアメリカのバーのネオンサイン、という具合に、うまくテーマに沿った写真があったんです。

写真の上下に内容をレイアウトしました。誰の何というエッセイが入っているのか、筆者と題名をずらりと並べて、アミ指定で色をつけました。小さな明朝体なので、横棒などアミのかけ合わせで大丈夫か、と担当者が心配してましたが、予想よりもきれいに仕上がって嬉しかったですね。

数年後にまた新潮社から丸谷才一さんたちを編者とするエッセイ集がシリーズで出ました。今度のタイトルは「エッセイ　おとなの時間」十一巻（85年〜87年）です。「楽しみと冒険」はハードカヴァーだったけれど、今度はソフトカヴァー、前は巻数の数字がついていたけれど、今回はなし、という点が違っている。前より値段を下げてもっと売りやすくしたんですね。何巻と数字が入ると、全巻揃える人は問題ないんだけれど、「地図」や「乗物」に興味がある人は一巻と七巻だけを買うことになる。そうなると本棚に並んだ時中途半端だ、いっそ買うのやめちゃおう、ということもあるらしい。そこで巻数を表示するのをやめて、好きなものだけどうぞ、というのが「エッセイ　おとなの時間」のシリーズでした。タイトルの文字も前は写植を使ったけど、今度は描き文字、というふうに少しやわらかくしました。絵のスタイルも、筆でラフに色をつけるという描き方にした。シリーズのマークはまた作りました。「おとなの時間」という言葉のイメージから、チェスの駒のナイト——馬の形です——を描きました。これを地紋にして見返しに使ったのは前回と同じです。

大野晋、丸谷才一、大岡信、井上ひさしの四氏が回答者になって日本語に関する読者の質問に答える『日本語相談』という「週刊朝日」の連載がありました。それが五冊の単行本（89年〜92年・朝日新聞社刊）になって、装丁をやったんですが、日本語についての本だから、とにかくカヴァーは日本語で埋めちゃおう、と思ったんです。タイトルがあって、巻の数字があって、四人の回答者名が入る。それ以外にカヴァー全体に

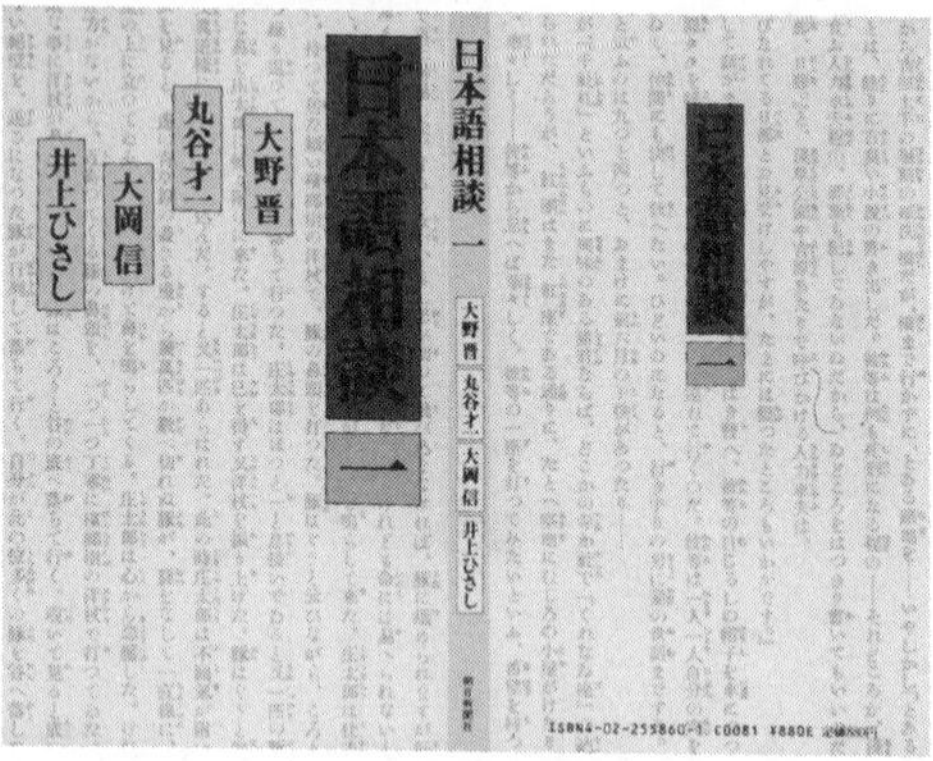

日本の文学、その初版本のページを使いました。初版本をぼくが持っているわけじゃなくて、その復刻版ですけど、一巻目だとカヴァー表は漱石の『夢十夜』、カヴァー裏は川端康成の『浅草紅団』のそれぞれ一ページを使った。二巻目は芥川龍之介の『芋粥』と中原中也の『在りし日の歌』、三巻目は泉鏡花の『一葉の墓』と小川未明の『赤い蠟燭と人魚』という調子で、各巻カヴァーの表と裏に名作の一部が入ってる。断片を見ただけで作品は何か、当てられたらかなりの文学通ということになります。

『日本語相談』というタイトルと、各巻の数字は明朝ですが、自分で描きました。写植や活字だとコーナーに丸みがありますので、それをシャープにしたかったんです。ぼくが描いた字とは誰も気がつかないけれども、よく見ると写植にはない書体です。

『日本語相談』の四人の回答者に、音楽家の柴田南雄さんを加えた五人の編者による「日本語で生きる」というシリーズは福武書店で八七年から九〇年にかけて四冊、九六年に五

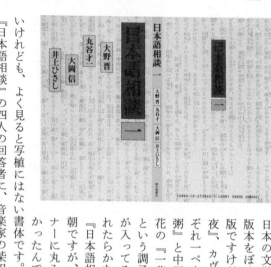

冊目が出て完結しました。五冊目の編者は井上ひさしさんで、「遅筆堂」と自称している方ですから無理もないのですが、その間に福武書店はベネッセと社名が変わっちゃった。

大野さんが『この素晴しい国語』、丸谷さんが『恋文から論文まで』、大岡さんが『五音と七音の詩学』、柴田さんが『唄には歌詞がある』、井上さんが『話しことば大百科』のタイトルのもとに、日本語に関するエッセイを集めたものです。それぞれの巻のタイトルはぼくの描き文字にしました。この描き文字は「エッセイ　おとなの時間」の時と同じ、写植にしようと作り始めた文字です。「日本語で生きる」というシリーズ名は写植のゴシックですが、マーク的な扱いにしたかったので「日」の字だけ手描きにして、日の丸のようにしました。当然、文字は赤で刷る。

イラストレーションに当たるものは、日本の紋章です。日本の紋章ってどれもなかなかきれいなデザインですが、円だけとか、丸に十の字とか、たいそうシンプルなものから、竹藪に雀が飛んでるようなかなり複雑なものまで、さまざまあります。その中でも割合イラストレイティヴな、風変わりで面白い紋章を選んで使いました。日本的なデザインですが、ちょっとバタくさい感じもするもの。紋には名前がついていて「糸巻」「束ね萩」「蔭光琳

蝶」「松毬《まつかさ》」「団仙に違ひ茶の実」です。

翻訳ものではアート・バックウォルドの「バックウォルド傑作選」（80年〜90年・文藝春秋）が五冊あります。バックウォルドはコラムニストで、ユーモラスな文明批評、社会批評的なコラムを書く人。一巻目は『だれがコロンブスを発見したか』という題ですが、コロンブスがアメリカを発見したと言われているけれど、アメリカにはもともとネイティヴの人が住んでいたわけですから、彼らがコロンブスを発見したんじゃないか、と、ちょっと視点を変えるだけでこんな面白い題になる。そういうセンスに溢れたシリーズです。

このシリーズでは、いつも筆にスミの太い線で眼鏡をかけた人物――バックウォルドが眼鏡をかけているので――を描いて、ロットリングでタッチをつけたイラストレーションを大きく使っていて、人物のバックは写真にしています。ブレた写真とか、水面だけを撮ったものとか、一見何だかよくわからない写真ですけど、写真を使うことによって、絵に妙な立体感が出て、面白い効果になるんです。

個人全集では『色川武大　阿佐田哲也　全集』（91年〜93年）があります。ご存じのように色川さんは阿佐田哲也の名前でもたくさんの小説を書きました。色川武大では純文学寄りの作品、阿佐田哲也では『麻雀放浪記』をはじめとするエンターテインメントを書いた。亡くなってから福武書店が十六巻の全集を出したわけです。

全集となると多くは堅い立派な本になりますが、立派に作るとどうしても値段が高くなる。この全集の場合は手に入りやすくしたい、ということで、ソフトカヴァーになりました。それで箱入りです。箱も安く上がるタイプのものなんですが、箱入りということで贅沢な感じが出る。

巻によって色川名義の作品ばかり、阿佐田名義の作品ばかり、と分かれます。だからと言ってこの巻は『色川武大全集』、この巻は『阿佐田哲也全集』とするわけにはいきません。タイトルはどちらも『色川武大　阿佐田哲也　全集』です。で、どうしたかと言うと、色川名義の巻は阿佐田哲也の文字にアミをかけてハーフトーンにする。阿佐田名義の巻は色川武大の方にアミをかける、という手を使いました。

いろんなタイプの作品が入るので、文字中心のデザインにしましたが、文字だけでは少し寂しい。ということで、シリーズのマークのような絵を入れることにして、居眠りしているスフィンクスを描きました。似顔ではないのですが、どことなく色川さん

の感じがするスフィンクスです。色川さんは大人物でしたから、でっかいスフィンクスは似合うだろう、ということと、居眠りしているのは色川さんの特徴なんです。色川さんはナルコレプシイという持病があって、この病気は普通の人なら七、八時間一どきに眠るところを分断されて一日中にばらまかれる。長時間眠れないかわりに、寝たくない時にも眠ってしまうという厄介なものです。病気ですから深刻なんですが、すぐ居眠りを始めるのではたから見るとユーモラスです。ユーモラスに見えることをご当人も認めていましたから、眠るスフィンクスでも色川さんは許してくれるだろう、そういう気持で作ったマークでした。

『ニール・サイモン戯曲集』（早川書房）は八四年に一巻目が出ました。五巻目が九三年に出ています。現役で書き続けている作家のものですから、何冊で完結という約束はなしで始まったシリーズですね。

　ニール・サイモンの芝居は日本でもよく上演されます。全部観てるわけではありませんが、ぼくの好きな劇作家です。この人の作品はよく映画化されるので、ぼくとしては映画でなじみになりました。シナトラの「ナイスガイ・ニューヨーク」という映画はニール・サイモンのデビュー作「カム・ブロー・ユア・ホーン」の映画化なので、演劇ファンより先にぼくはこの作家を知っていたかもしれません。映画のためのオリジナル・シナリオも

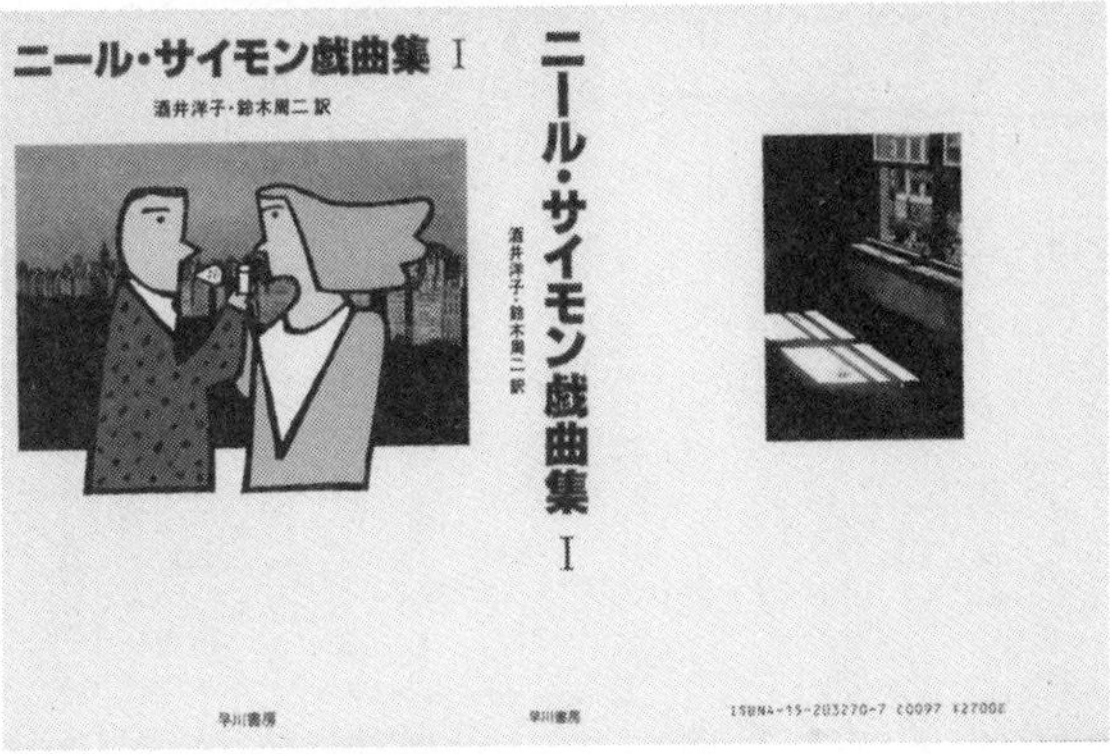

書いてるし、「カビリアの夜」を「スイート・チャリティ」にしたり、「アパートの鍵貸します」を「プロミセス・プロミセス」にしたりと、映画からミュージカルを作ることもやっていて、ぼくはすぐにおなじみになったので、このシリーズの装丁も喜んで引き受けたわけです。

ニール・サイモンの芝居はニューヨーク・タッチです。ほとんど背景はニューヨークだし、そうでないものもあるけれど、初演はブロードウェイだし、語り口がニューヨーカー好みなんじゃないかな、と思う。

カヴァー表は絵と写真の組み合わせにしました。「I」は男女の絵のバックにセントラル・パークの写真です。カヴァー裏はニューヨークのダウンタウンにある踊りのレッスン場の床の写真。自分で撮ったものです。表紙はニール・サイモンのサイン、扉はペン画でアヴェニューとストリートを示す標識を描きました。

「Ⅱ」も絵は男と女――芝居ですからね、たいてい男と女が主人公になります――で、バックの写真はブルックリン・ブリッジ。カヴァー裏の写真はエンパイア・ステート・ビルから見下ろした夜景。表紙のサインは同じで、扉のペン画は劇場のプロセニアムです。

「Ⅲ」は収録された四篇のうち二篇がロサンジェルスの話なので、写真もカリフォルニアのものにしました。カヴァー裏の男女の絵のバックはビヴァリーヒルズの住宅の写真、カヴァー裏はサンタクルスあたりの海岸の写真。

「Ⅳ」は「思い出のブライトン・ビーチ」、「ビロクシー・ブルース」、「ブロードウェイ・バウンド」が収められています。いわゆるB・B三部作で、自伝的な作品。「ビロクシー・ブルース」は兵役時代の話ですが、あとの二つは舞台がニューヨーク。写真もニューヨークに戻して、カヴァー表は自由の女神を遠景に望む写真を使っています。絵が男女であることは変わらないのだけれど、ここでは男は少年です。サイモンの少年時代をちょっと匂わせてあります。自伝的戯曲だから。カヴァー裏はニューヨーク下町の非常階段つきのビルの写真。扉のペン画は〝STAGE DOORS〟という表示にしました。

「Ⅴ」のカヴァー表の男女は少し年齢が高くなっています。おじさん、おばさんになっていて、ニール・サイモンも六十歳台になった、その年齢の作品ということを、無意識に描いちゃったのかもしれない、と思います。絵のバックは劇場の広告が大きく出ている古いビル。これもニューヨークで撮った写真です。カヴァー裏はニューヨークの俯瞰写真。貿易センタービルの高い階から撮ったんだったかな。扉のペン画はエンパイア・ステート・ビルが見える街角。

シリーズものでは毎回違うことをやらない方がいい、というのは常識的な考え方で、やってもいいのかもしれません。その方が新鮮でいいという考え方もあるかもしれないけれども、この『ニール・サイモン戯曲集』は「Ⅳ」が八八年に出て、「Ⅴ」が九三年。五年あいてるわけですね。ですから「Ⅴ」が書店に出た時に、「Ⅳ」まで持ってる読者に「あ、あのシリーズの新しいのが出た」とすぐ気がついてもらいたい。そのためにはやっぱりデザインの基本を変えない方がいいと思ってます。

ですから第一巻をデザインすることは慎重にやらないとね。同じフォーマットで続けるには、そのフォーマットがきちんとしてなきゃいけない。読者が飽きないように。自分で「デザイン失敗しちゃったから変更したいな」と思わないように。

10　つかこうへいさんの本

一九七〇年代の前半に、渋谷の喫茶店でアングラの芝居を観ました。いや、当時はもうアングラとは言わずに、小劇場という言い方をしていたかもしれませんが、とにかくそれが「熱海殺人事件」でした。つかこうへいという名前もそれで初めて知ったんですけど、とても面白い芝居だったので、当時連載を持っていた「小説現代」にそのことを書きました。

それがつかさんの目に入ったんですね。しばらくしてからつかさんの方からアピールがあって、芝居のポスターを描いてくれという。喜んでOKをして、「ストリッパー物語」のポスターを作りました。それがおつきあいの始まりです。「ストリッパー物語」はVAN99ホールという場所でしたが、そのころからつかこうへいの芝居の評判はどんどん上がって、紀伊國屋ホールや俳優座劇場で上演されるようになって、ぼくもずっとポスターを描いていたわけです。

つかさんは角川書店編集部の要請で小説も書きだしました。本になったのは『小説熱海殺人事件』（76年・角川文庫）が最初かな。芝居のポスターをやってた関係で、この本のカヴァーの依頼もぼくのところに来て、それから本の方もほとんどぼくが装丁するようになりました。

『小説熱海殺人事件』のカヴァーには芝居の登場人物である「くわえ煙草伝兵衛」という刑事を描いたんですが、これは最初に喫茶店で観た時の、この人物のイメージです。ちょっとおっさんふう。そのあとこの人物は三浦洋一や風間杜夫がやるようになって、ずいぶんスマートになりました。

このあとつかさんは角川書店のために書きおろし長篇をたくさん書きました。角川には「野性時代」という雑誌があったでしょ。あれに一挙三百枚掲載なんてことをする。ぼくは挿絵を描いてましたから、原稿もらった次の日が挿絵の締切なんてことがずいぶんあって、いくらなんでも三百枚は読み切れないからって言うと編集部で粗筋を書いてくれる。でも前にも言いましたが、粗筋じゃ挿絵は描けないんですよ。ディテールの部分をちゃんと読まないと。で、粗筋を読んでから大急ぎでゲラを全部読むなんて二度手間みたいなこともしながらずいぶん挿絵を描きました。それがすぐ単行本になりますから、今度は装丁です。

つかさんも芝居で忙しい上に小説の書きおろしもあって大変だったと思うけど、若かったしね、体力あったんでしょう。芝居と小説は両輪のようなところもあって、「熱海殺人事件」もそうですけど、自分の戯曲を小説化することもたくさんやったし。それと、つかさんの芝居はいつも大入りで、役者たちがどんどん有名になっていった。テレビだの映画だのでお声がかかる。稽古を抜けてちょっと行ってきますという役者が増えてきたんで、初期より芝居に情熱が燃やせなくなっちゃった、ということもあるかもしれません。その分小説に力を注いだ部分もあるような気がする。

　まあそんな具合で、ぼくはつかさんの芝居にも単行本にもたくさんつき合いました。そうすると何となく一つのカラーが出てくるんですね。一人の作者の仕事をポスターなり装丁なりで伝達するわけですから、あまりあの手この手は使わない方がいい。いつも同じじゃ困るんだけど、つか作品の持ち味がある方角を向いているとしたら、こちらの味つけも、その方角を向かせる、と言いましょうか。

　つか作品には不思議な発想があります。「熱海殺人事件」を例にあげれば、工員が女工を殺したという、新聞の片隅に出るような事件。これを取調べ室で刑事たちがもっと派手なカッコいい事件にならないかと討論する。「幕末純情伝」の沖田総司は男装の女性として描かれてる。男二人、女一人という三角関係的人物配置の物語もよくあるんだけど、男A

と男Bが憎み合うとか戦うという普通のパターンにはならず、男Aは男Bに気を遣う。「つか版・忠臣蔵」の赤穂浪士たちは自分たちが世間の目にカッコよく映るか、ということばかり考える。

つかさんに言わせれば「人間てそんなもんじゃないの」ということかもしれないんだけど、普通に考えれば大胆な発想でしょ。そこでぼくの絵のスタイルも、いつもより大胆な気分に持ってゆく。つまりずいぶん触発されているわけですね。結果的にぼくは装丁の上で冒険をさせてもらっています。

ぼくが装丁したのは、『弁護士バイロン』(77年)、『いつも心に太陽を』(79年)、『蒲田行進曲』(81年)、『寝盗られ宗介』(82年)、『つか版・忠臣蔵』(82年)、『青春　かけおち篇』(83年)、『ストリッパー物語』(84年)、『井戸のある街』(85年)、『スター誕生』(86年)、『広島に原爆を落とす日』(86年)、『青春　父さんの恋物語』(86年)、『弟よ!』(87年)、『銀ちゃんが、ゆく』(87年)、『幕末純情伝』(88年)、『龍馬伝・野望篇』(91年)、『龍馬伝・

青春篇』(91年)、『龍馬伝・決死篇』(93年)、『リング・リング・リング』(93年)があって、みんな角川書店。

文庫では、『初級革命講座飛龍伝』(77年)、『戦争で死ねなかったお父さんのために』(84年)、『二代目はクリスチャン』(85年)、『この愛の物語』(85年)などがあります。ほかにエッセイや対談や舞台写真集もあるので、ずいぶん数をやってることになりますね。

ほとんど、ぼくの描き文字を使ってます。著者名まで描き文字にした時と、著者名は写植にした時があります。そして登場人物の絵を描いてます。ほとんどGペンで描いてる。ロットリングの線は繊細ですが、Gペンだとボッテリしたり細くなったり、線自体にニュアンスが出るし、大胆な気分も出しやすいんですね。ユーモラスにもなるし。でも『広島に原爆を落とす日』はその手は使いませんでした。この小説の奇抜な発想はいつものつかさんなのですが、主題はかなり重いものだし、つかさんがそれまで作品の上では見せなかった「在日」作家であることを表明した初めての小説でもあって、とぼけた感じの装丁にはしたくなかったんです。ただし大胆な気分は欲しい。ということで、初号活字を手で押して文字を作って、切紙と併用したコラージュふうに仕上げました。文字のバックにエアブラ

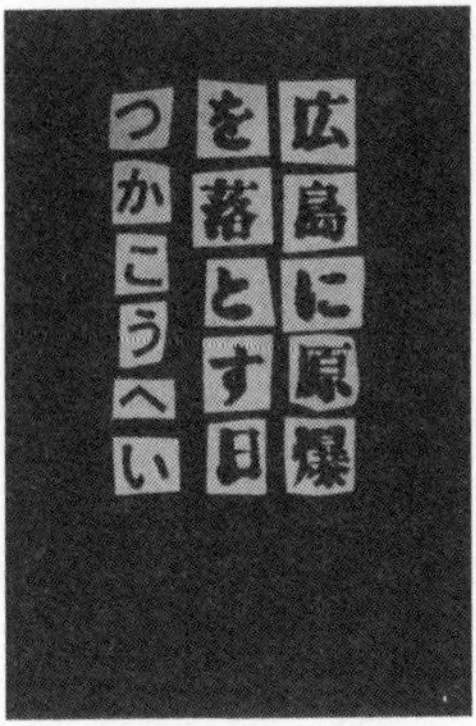

シで荒れたニュアンスをつけました。

初号活字の話は前にもしましたけど、日本の活字の持ってる格調と、特に初号の強さが好きなんです。これを手で押すと、かすれたりにじんだりという味が出るし、荒々しさも表現できるので、時々利用してるわけですが、つかさんの場合にはこのほかに『弟よ!』『銀ちゃんが、ゆく』『龍馬伝』三部作、『リング・リング・リング』に使っています。

『龍馬伝』は三部作ということを頭に置いて仕事をしました。基本となるのは龍馬の肖像です。有名な写真があるでしょ。靴はいてるやつ。あの写真を参考に、立ち姿を一つ描きました。太いマジックで荒っぽい絵です。それをまん中に置いて、「龍馬伝」「野望篇」の字もまん中にレイアウトした。つまり龍馬の絵はほとんど文字で隠れちゃう。しかし本を裏返すと、カヴァーの裏にはっきり刷られています。カヴァーをめくると表紙に ちょっと拡大されて同じ絵がある。という具合です。

二冊目の「青春篇」になると、その絵がさらに大きくカヴァーに刷られてる。文字がまん中へんにあるのは同じですが、絵が大きくなってるので、かなりよく見える。で、カヴァーの裏には別の人物、例の沖田総司女性版がいる。表紙も沖田総司で、カヴァー裏よりちょっと大きめ。三冊目の「決死篇」のカヴァーは、龍馬の顔がさらに大きくなってる。カヴァーの裏は西郷隆盛が登場して、表紙は沖田総司のクローズアップです。

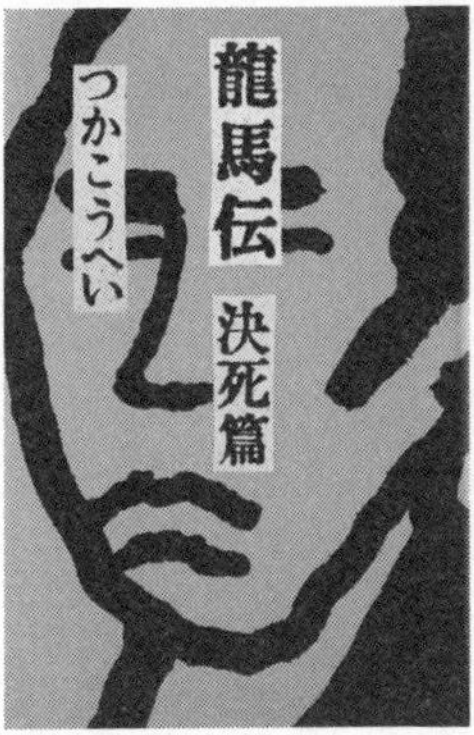

カヴァーの色は「野望篇」が青紫、「青春篇」が赤茶、「決死篇」が緑。表紙はマーメイドを使って、それぞれ緑、朱、からし、見返しは新だん紙のオリーブ、桃、とのこ、扉は——文字だけをレイアウトしましたが——パミスのうす紫、金茶、黄土を使いました。けっこう派手な色の取り合わせですが、それぞれの巻の配色、三冊並べた時のバランスを考えてあります。

あと、箱入りの、ぼくにしては豪華版造本のものが二冊ありますね。『定本　熱海殺人事件』（81年）と、『定本　ヒモのはなし』（82年）です。これは戯曲集で、はじめの本は『熱海殺人事件』と『初級革命講座　飛龍伝』、次の本は『ヒモのはなし』と『出発』が収録されています。戯曲集と言いましたが、台本の途中で突如ト書きのようにつかさんのエッセイが入ってるという、変わった本でもあります。

で、これはかちっとした箱入りでね、気取ればいくらでも気取れるような造本ではあったんだけど、デザインの調子はいつもと同じようにやりました。芝居はみんな観ているので、絵柄に悩むこともなかったんです。しかし不思議なことに、それなりの格調のようなものが出て、自分でも気に入った装丁になりました。それはぼくのせいではなくて、箱入りの本の持つ、ある程度重厚な感じというのが一つですね。昔、「のらくろ」とか「冒険ダン吉」なんかも箱入りだったんです。漫画なんだけど、箱入りということで、自ずとグレードアップしちゃう気分が、本にはあるらしい。もう一つは箱に貼る紙が、強度の問題などで限られていて、これがいいだろうと指定された上質系の紙を使ったんですが、これが印刷インクを吸う性質があった。つまり発色が渋くなるんです。ぼくは割合派手な色をアミ指定でつけたんですけど、それが渋めに仕上がった。それが計算以上に洒落た感じに見えたんです。

表紙の紙はレザック66の古染に二色刷り。これにグラシンがかかってる。グラシンというのは半透明の、子どものころブーブー紙と言ってたやつ。見返しは上質紙に舞台写真をモノクロで刷りました。扉は羊皮紙に二色刷りです。

11　紙の話

今、紙の名前がいろいろ出てきました。紙の話をしなきゃいけないと思います。装丁、造本に関しては、紙は主役みたいなものですから。ただし、紙の説明を口でするのはむずかしいです。実物を見てもらわないと、紙の名前を言っただけじゃわかってもらえないと思うんですが、とにかくできる範囲でやってみましょう。

紙の手ざわりというのがありますね。風合いという言葉もあります。風合いというのは布地に使う言葉らしいけど、紙に使ってもいいでしょう。質感、肌ざわり。

本は手に取るものですから、これが大事なんですね。本にどんな紙を使うかで勝負が決まる、みたいなところもある。とは言うものの、面白い紙なら何を使ってもいいわけじゃありません。印刷に適していないといけないことは当たり前としても、本文、表紙、見返し、カヴァー、それぞれに向いている紙を選ばなきゃいけない。特殊な、小部数の、遊戯性の強い書物は別ですが、通常は厚すぎる紙は困る。薄すぎるのも困る。破れやすいのは困る。折り曲げるとパキッと折れちゃうのは困る。透けて裏が見えちゃうのも困る。わざと透明な紙を選ぶ場合もありますけども。あと、高価な紙は困る。これも贅沢な本なら許されるわけですが、通常は勘弁して下さいと言われます。手に入りにくい紙も困る。輸入紙などがそうです。とりあえず初版は間にあっても、再版のときにその紙はもう輸入していません、ということにならないように業者と連絡を密にしておかないといけない。

紙の大きさも考慮に入れる必要があります。紙の原型は大きなもので、それを折ったり裁断したりして本にするわけですが、作ろうとする本のサイズと紙の大きさの関係で、半端が出る。少しの半端ならいいけど、大量に切れっぱしが余るのはお金の無駄になります。〝経済寸法〟という言い方をするんですけど、できるだけ無駄が出ないように本のサイズを考えるし、選ぶ紙も考える、経済的な寸法を見つけるというわけです。

そういったいろいろの条件を満たすように紙を選ぶ。ですからある程度紙のこと――こういう名前の紙はこんな風合いだとか、色はこのくらい種類が揃ってるとか――を知っておくと便利です。しかし紙の種類はたくさんありますので、全部は憶えきれない。そこで紙の見本帖が必要になります。見本帖から適当な紙を選ぶ、知ってるつもりのものでも確認をする。竹尾、という会社の紙見本帖は豊富です。ここは紙と紙製品を扱っている会社。ほかに製紙会社がそれぞれ見本帖を作っているので参考になります。

具体的な話はまずカヴァーから。カヴァーはアート紙を指定することが多いです。アート紙は印刷インクと相性がいいといいますか、いい発色が得られる。四色分解で絵や写真を再現する場合も、アミ指定で色を出す場合も、色の見当がつく。それにポピュラーな紙ですから値段も高くないし、品切れの心配もない。強度の点でも悪くありません。

その代わり、ポピュラーであることは平凡だということでもあるんですね。カヴァーにアート紙を使うのはほとんど当たり前になってますので、ちょっと変えてみたくなることもあります。例えば自分の本の例を挙げれば『倫敦巴里』(77年・話の特集)のカヴァーはデカンコットンを使っています。デカンコットンはアート紙のようにツヤのある紙ではなく、マットな質感の紙です。しかもまっ白ではありません。ホワイトとクリームの二種類あって、ホワイトの方もクリームがかってます。そういう紙に刷ると、同じデザインでも表情がちょっと違ってくる。それが面白いんですね。

紙には大きくわけてツヤのある紙とない紙があります。カヴァーの場合、たいていはコーティングすることを要求されるんですが、コーティングにもツヤのあるなしがあって、ツヤのある紙にツヤのあるコーティングをするとツヤはより強調されるし、ツヤのないコーティングをすると、ツヤが消えます。ツヤのない紙を使う場合は、わざわざツヤのない質感を選んだわけですから、それにツヤのあるコーティングをすることはあまりないでしょう。コーティングは一枚被膜をかぶせるため、その紙の持つ微妙な風合いが殺されてしまう結果になりがちで、そういう時は前にも言ったニス引きといった処理で、できるだけ紙の質感をオリジナルに近い形で保たせるように工夫をします。

もう一つ自分の本を例に挙げると、翻訳の『オフ・オフ・マザー・グース』(89年・筑摩書房)、『またまた・マザー・グース』(95年・同)のカヴァーはアンドレという紙を使いました。「オフ・オフ」がアイボリー、「またまた」がグレー。アンドレという紙は、紙の繊維が面白い肌合いになっていて、ソフトな色が何種類か揃っています。

村上春樹『バビロンに帰る』(96年・中央公論社)のカヴァーはOKミューズカイゼルを使いました。ミューズカイゼルはさらにマチエールがはっきりした紙で、繊維の小さな屑のようなものがチラチラ入ってる。カヴァーに使うとちょっと変わったイメージになります。屑のチラチラはランダムに入ってるので、一冊ずつ違うマチエールなんですね。それがまた面白いと思います。

今、マチエールという言葉を使いました。英語ではマテリアルですけど、フランス語で材料、材質。美術用語として使う場合は、作品の表面にある質感のことを言います。油絵でも薄く塗る、厚く塗る、上へ上へと塗り重ねる、とか、それぞれ質感が違いますね。それが描かれた内容とは別に、画家の個性になる場合がある。紙にもそんな気がするものがあるんです。

伊東光晴・大岡信・丸谷才一・森毅・山崎正和『近代日本の百冊を選ぶ』(94年・講談社)の場合は、このミューズカイゼルを四色分解で製版してアート紙に刷った。それにケント紙に描いた絵を重ねています。タイトルまわりはアート紙の白を出すようにしましたから、ミューズカイゼルとアートが同居している感じの面白い効果が出ました。

高橋揆一郎『にぎにぎ』（94年・河出書房新社）のカヴァーはフレンチマーブルです。名前の通り大理石ふう模様の紙で、これも紙の部分によって模様が違うので、絵やデザインは同じでも一冊ずつ微妙に違う装丁になります。

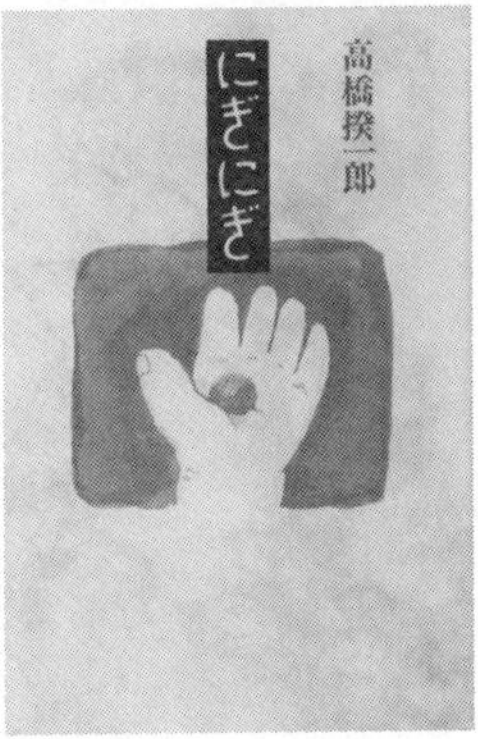

村松友視『アブサン物語』（95年・河出書房新社）、『帰ってきたアブサン』（96年・同）はタントという紙をカヴァーに使いました。『アブサン物語』は白っぽいグレー、『帰ってきたアブサン』は赤っぽいグレー。タントは色の名前がなくて、N—6とかR—4とか数字で指定する紙なんです。誰だったか編集者が「タントはたんと使っても安いから全社で怒られない」と駄洒落を言ったので、安い紙だと知りました。実際にほかと比べてどのくらい安いのかは知らないんだけど。でも色数が豊富だし、いい色が揃ってるのでぼくの好きな紙の一つです。

白地の紙もいろいろありまして、ロナルド・バーガン『ジャン・ルノワール』（96年・トパーズプレス）はOKミューズカバーの白、『セナ』は〝しろもの〟のホワイト、アル・ハーシュフェルド『笑うブロードウェイ』（96年・小学館）はベーテルの白、をそれぞれ使っています。同じ白でも白さに微妙な差があるし、マチエールもちょっと凹凸があったり、平らだったりいろいろ。しかしいずれも無光沢、マット系の紙なので色は少し沈みます。よく言えば落ちついた色になる、悪く言えば暗くなる。書籍の性質やデザインのムードによって、適当と思われる紙を選ぶ、というわけなんですね。

次は表紙。表紙の紙を選ぶ心構えも、カヴァーの

時と変わらないのですが、表紙はコーティングの必要がないため、もっと自由に選べますね。ただしソフトカヴァーの場合はそれに耐える厚さの紙にしなきゃいけない。逆にハードカヴァーの場合は選んだ紙をボール紙の上に貼って仕上げるわけですから、厚い紙では困る、ということになります。

ソフトカヴァーの場合、自分の本を例にすると『お楽しみはこれからだ』はシリーズ全部デカンコットン、『日曜日は歌謡日』（76年・講談社）はマーメイドの「ひはだ」、篠山紀信と共著の『プライヴェート・ニューヨーク』（83年・文藝春秋）はビルカラーの「とのこ」です。

ハードカヴァーの場合、『倫敦巴里』はNTラシャの黒、『ビギン・ザ・ビギン』（82年・文藝春秋）はアートの白、『ことばの波止場』（95年・白水社）はフェイズ2の白茶。

もよく使います。

マーメイド、ビルカラーはときどきぼくの装丁に登場する紙です。レザック66というの

表紙はぼくの場合一色刷りということが多いので、スミ一色、あるいは特色一色に適する紙を選ぶことになります。『倫敦巴里』は黒い紙ですが、銀で文字を刷ったんです。

ちょっと特別な例としては——これは紙の話から少しはずれるんですが——黒柳徹子『トットちゃんとトットちゃんたち』(97年・講談社) は表紙をアート紙の四色刷りにして、カヴァーは二色刷りにしました。普通はカヴァーの方を目立たせたいから四色刷りにして、表紙を一色ないし二色にする。これを逆にしたんですね。値段は同じだから。

黒柳さんはユニセフ親善大使として、戦争してる国や発展途上の貧しい国の子どもたちを何年にもわたって訪ねています。その記録がこの本で、題名は黒柳さんの子どものころの愛称だったトット、偶然にもスワヒリ語で子どものことをトットと言う、というところからきています。そして何とタンザニアが、現地の子どもを抱いている黒柳さんを描いて切手にしました。その切手を使おう。これはカラーがいい。しかし切手は切手らしく原寸で使いたいし、拡大してカヴァーに使えるほどの絵でもなかったんですね。こういう旅ではいつも黒柳さんに同行している写真家の田沼武能さんが撮った写真がたくさんある。その中で子どもたちに囲まれてるモノクロのいい写真をカヴァーに使おう。となるとカヴァー一色、表紙四色になる。しかし一色のカヴァーというといかにも地味だから、せめて二

色使いましょう、という結論で、この装丁ができました。写真はスミで、もう一色、派手な赤にしました。オビを黄色にしたので一見派手なカヴァーに見えます。でも二色なんですね。

次は見返し。『トットちゃんとトットちゃんたち』では見返しに写真を使っています。映画の本でもたまにそれをやることを、前にも言いました。カットを入れることもあります。高橋直子『猫はわかってくれない』（97年・マガジンハウス）は猫のマンガふうシルエットをたくさん散らしました。山田宏一『映画について私が知っている二、三の事柄』の見返しは、著者の似顔——全身像ですが——が入ってます。前の見返しは正面向き。後ろの見返しは後ろ姿。

しかしこういう例はあまり多くはなくて、たいていは紙を指定するだけ。刷るとそれだけお金がかかるという、経済的事情によるものですが、見返しに絵や写真が入ってるとウルサイ、とかシツコイとか感じられるタイプの書物もありますよね。無地の色紙が入ってるだけの方がしっとりしている、落ちつく、という考え方もあるわけです。

見返しに使う紙はベルクールなんかいいですね。色もいいのが揃っている。しかしベルクールは薄手の紙なので、出版社によってはもう少し厚手を要求される場合があって、その時はNTラシャが色や風合いが似ているので代わりになる。ぼくはベルクールが好きですが、もちろんそればっかり使うわけじゃありません。アンドレもいいし、タントもいい。OKサンドもよく使います。OKサンドというのは海岸の砂地みたいな模様の紙です。ブライト、ミドル、ダークの三種類があって、そのほかにOKサンドカラーの名前で十種類ほどの色があります。見返しだけでなく、表紙や扉にも使えます。

新だん紙、ぬのがみ、みやぎぬ、という紙があります。和紙ふうの、あるいは日本の布地ふうの色紙です。かなり特色がありますから、いつでも使えるというものではありませんが、日本的なムードが欲しい時は便利です。丸谷才一さんの著書を例にとると、『忠臣藏とは何か』(84年・講談社)は新だん紙、『裏声で歌へ君が代』(82年・新潮社)はぬのがみ、『七十句』はみやぎぬを見返しに使っています。

あと、さきほど『にぎにぎ』のカヴァーで使ったと言ったフレンチマーブル系の紙も、見返しで活躍します。ローマストーンという紙もあるし、羊皮紙というのもあります。羊皮紙というのは本来は文字通り羊の皮で作るんでしょうが、この場合は見た目がそんなふうな色合いの紙ということです。意味は同じだけど名前が違うシープスキンという別種の紙もあります。

江戸小染という紙は、うろこ、花、かすみ、の三種類あって、それぞれいろんな色があります。江戸小紋ふうの柄になっている。時代小説に似合いそうな紙です。ぼくの場合は時代ものの装丁はほとんど依頼がありませんけど、吉行淳之介・山口瞳対談の『老イテマスマス耄碌』（93年・新潮社）の見返しに「江戸小染　はな」の「こうぞ」を使いました。これは時代ものじゃないけど、吉行さんと山口さんが「老い」についてユーモラスに語り合う対談集で、ぼくは表紙にお二人を高砂のおじいさんおばあさんに見立てて、羽織袴でほうきと熊手を持ってる絵を描きました。松の木があって、鶴と亀がいる。漫画ふうに滑稽に描いているんだけど、実に日本的な絵柄なので、見返しもそれらしくしたということです。それと、この装丁が変わってるのは表紙はアート紙に四色プラス金で五色使っていて、その代わりにカヴァーはトレーシングペーパー。タイトルと著者名の文字だけをスミで刷り、オビに当たるところは白を刷ってから惹句をスミで刷ってます。

次は化粧扉ですね。扉は節約して本文用紙に刷っちゃうこともありますけど、ほとんどの場合、別丁《べっちょう》になります。別丁というのは本文用紙以外の紙を別に綴じ込む、という意味ですが、そのために紙を指定します。これもめくりにくいほどの厚い紙を使わなければ、何を選んでもいいわけですね。ぼくの場合もアートの時もあるし、パミスもあるし、タントもあるし、ＯＫサンドもあるし、いろいろです。具体例を出して、何の本では何を使ったよと、いくらでも言えますけど、退屈でしょうからこのへんで。

　カヴァー、表紙、見返し、扉と、いろいろな紙の組み合わせを考えるのは面白い作業です。装丁の話からはちょっとはずれますけど、本文用紙というのも重要なものですね。文字を読むことを目的とした本の場合、あまり特殊な紙では読みにくくて困るんで、ある程度限定されます。ヴィジュアルな本の場合は、色刷りに向く、とか別の条件が入ってきます。遊びの要素が強くなると、かなり紙を自由に選べる。しかしそういう気分の本が多くなってきたせいか、ちゃんと文字を読むべき本なのに、遊び本でなれた紙選びをするという傾向が目立つようになってきたような気もするんです。活版印刷された本文の格調を忘れないようにしないと。

　えーと、紙の組み合わせの話でしたね。カヴァーを光沢のある紙にした場合、それをとった時の表紙の手ざわりはこんなのがいいだろう、それを開くと、見返しは……というふうに考えていきます。風合いと同時に色のことも考える。思いがけない取り合わせが面白い効果を上げることもあるし、カヴァーから扉までのワンセットを一種類の紙で統一して色だ

けを変えることもやってみる。あるいは色をグレーの濃淡と決めて、紙の種類をいろいろにしてみる、とか、いろんなことができるので、それも装丁の楽しみのひとつなんです。

12　画材について

ロットリングやペンのことは前に言いましたから重複があると思いますが、ちょっと画材の話をしてみましょうか。

紙や筆やインクなど、頑固に長年同じものを使っている人もいますけど、ぼくはいろいろな材料を使ってみるのが好きです。仕事の対象はさまざまですし、対象に合わせてさまざまな表現をしたいと思っているので、それにはさまざまな画材を使うと手っとり早いんです。画材によっておのずと表現が変わってきますから。

ただしこれは芸術家の態度じゃないですね。多くの芸術家はこれと決めたら飽きるまで、あるいは自然に自分が変わるまで一つのスタイルを通します。依頼する側もそのスタイルに惚れて頼むわけで、書物に合わせて表現を変えてくれるなんてことは期待しません。

ぼくの場合は表現を変えてみることが楽しいので、ついいろいろやっちゃうんです。と言っても自在に表現をあやつれるというわけじゃありません。いくつかのヴァリエーションがあって、少しずつ広がっている、という程度のことです。

まずカラーインク。カラーインクは澄明感があるので好きな素材です。大きく二種類に分かれます。塗って乾くと水に溶けないタイプと、乾いてからでも溶けるタイプ。塗り重ねていくときのマチエールが両者ではかなり違います。溶けるタイプの方が発色がきれいなんですが、原画を見ながらしゃべると、唾がとんで色が散ったりしちゃう。

もう一つ、褪色する。このインクで描いた絵を額に入れて飾っておいたら、ほとんど色がなくなっちゃった、なんてことがありました。ぼくの場合は飾ることはほとんどなくて、印刷されることを前提として描くことが普通なので、褪色は大きなデメリットにはならないんですけど。

用紙は普通のケント紙またはワットマンのような水彩用紙。水彩用紙は表面がザラザラしているので、筆のタッチが面白くつきます。例をあげると、『生きかたの流儀　野坂昭如対談集成』（76年・筑摩書房）における野坂さんの似顔絵〔二四七頁参照〕、『インタビュー　ジョン・フォード』（78年・九芸出版）のジョン・フォード、『ビリー・ワイルダー自作自伝』（96年・文藝春秋）におけるワイルダーのポートレートなどはワットマンに溶けるタイプのカラーインクで描きました。

ドナルド・スポトー『ヒッチコック　映画と生涯』（上下巻・88年・早川書房）はイラストレーションボードに溶けるタイプのカラーインク、アーウィン・ショー『夏服を着た女たち』（79年・講談社）はケント紙に溶けるタイプのカラーインクです。

溶けないタイプのカラーインクは割合初期に使っていました。溶けるタイプの発色を知ってからは溶けないタイプの色が物足りなくなってしまったんですね。ただし、溶けない、という特色が生かせるので、線だけを溶けないタイプのセピアで描いておいて、溶けるタイプで上から色を入れる、ということなど、併用することはよくやっています。

次はグァッシュ。不透明水彩です。「週刊文春」の表紙はずっとこれで描いていますので、ぼくにとっては手なれた材料ということになります。厚塗りをすれば不透明になるし、水で薄めると、水彩画の要領で描くことができます。すぐ乾くし、色数も豊富で、便利です。

「週刊文春」はリアリズムで描いてます。本当のスーパーリアリズムの画家からは「なんだこの程度でリアリズムはおこがましい」と言われそうですけど、ぼくとしてはこれはもう細密画を描いている気分なんです。できるだけ実物に忠実に描いてやろうと思ってやっているんですが、グァッシュはそういう描き方もできるし、ラフに思いきったタッチで描くこともできます。ぼくは両方やってますが、自称細密画は「週刊文春」だけにして、装丁でグァッシュを使うときはもう少し違うタッチにしています。例えば阿刀田高『旧約聖書を知っていますか』、『新約聖書を知っていますか』など。自分の『ことばの波止場』などはかなりラフなタッチで描いてます〔二七七頁参照〕。

学生時代はポスターカラーを使っていました。グァッシュはポスターカラーの手ざわりに近いですね。ポスターカラーで修業をしたわけだから、それで親しみがあるのかもしれません。

次はリキテックス。ビニール系の絵の具です。うまく使うと油絵のような効果が出ます。ただしぼくはこの画材をまだうまく使いこなせないんです。時々使いますけど、思うようにいかない。この絵の具も発色がいいので、うまくやるとグァッシュより

もいい色が出せそうな気がするんですけど。

油彩。油絵は好きです。のびのびと描けるし、色もいいし、上へ上へ色を重ねられるし、褪色しないし、やっぱり画材の王様だと思うんだけど、乾きが遅い。ですから締切が今日の夕方だ、なんて場合はとても間に合いません。余裕のある時でないと、油絵は描けない。ですから、個展をする、というような時にまとめてたくさん描きますけど、装丁の仕事で登場することはないんじゃないかな。あ、工藤直子さんがお話を書いた『密林一きれいなひょうの話』（75年・銀河社）と、小薗江圭子さんがお話を書いた『モザイクの馬』（75年・千趣会）は油絵を使った絵本です。

個展でジャズをテーマに二十数点の油絵を描いたことがあるんです。その絵をジャズ好きの村上春樹さんが気に入ってくれて、一点一点に文章をつけてくれました。「芸術新潮」

に連載されたんですが、描きおろしも加えて今度単行本になります。『ポートレイト・イン・ジャズ』（97年・新潮社）で、これが『装丁物語』と並んでぼくのいちばん新しい本ということになります。

次は色鉛筆。色鉛筆は独特のソフトなタッチが出せるので、時々使います。

色鉛筆だけで絵を描いたのは、例えば吉行和子『どこまで演れば気がすむの』（83年・潮出版社）、アーウィン・ショーの『ローマは光のなかに』（90年・マガジンハウス）、『夏の日の声』（90年・講談社文庫）、ウイリアム・サローヤンの『リトル・チルドレン』（90年・ちくま文庫）、『ディア・ベイビー』（91年・ちくま文庫）などがあります。

自分の本、『また近いうちに』（86年・大和書房）はフェルトペンで自分の仕事机にあるものをいろいろ描いた絵の上に、色鉛筆でラフにタッチをつけてあります。『ねこのシジミ』（96年・ほるぷ出版）は銅版画に色鉛筆の彩色でした。

銅版画のぼくの師匠は山本容子さんです。手とり足とり指導してくれたわけじゃないけど、プレス機の製造元を紹介してくれたり、紙やインク、銅板、腐食のための薬品の買い方などを教えてくれて、版を作るところからプレスをするまでの段取りを説明してくれました。その日に容子さんの前で練習に一枚制作して、二作目はもう仕事に使っちゃった。それは長男川上貴光による川上哲治の伝記『父の背番号は16だった』(95年・朝日文庫)です。川上さんの後ろ姿を銅版画にしました。たちまち仕事にするというのは図々しいみたいだけど、自分で腐食からプレスまでをやった作品の二作目ということでありまして、銅版画の専門家に面倒をみてもらいながら版に絵を描く、という経験なら、それまでにも結構あったんです。

そのあと、自分でプレスまでする銅版画を使ったものには、ちくま文庫のサマセット・モームのシリーズ〔二〇五頁参照〕、丸谷才一・山崎正和対談『二十世紀を読む』(96年・中央公論社)があります。『二十世紀を読む』は単行本ですから、文庫の時のようにカヴァーに一枚、というだけでなく、カヴァー表、カヴァー裏、表1、扉、と四枚の銅版画を制作しました。いずれも二十世紀の出来事を本文の対談とつかず離れずといった感じで描いたものです。

写真、という手段も、装丁にときどき使います。その場合も人のお世話にならずにすますよう、なるべく自分で撮った写真を使います。もちろん写真家の作品集なんてときは別ですけども。

で、自分の写真ですが、大きく分けて、すでに撮ってある写真を使う場合と、そのために撮る場合があります。

すでに撮ってある、というのは旅行をした時など、風景を撮っておいたもの、例えば淀川長治『映画・映画・映画』（78年・講談社）ではハリウッドで撮ったグローマンズ・チャイニーズ劇場前のハンフリー・ボガートの手形とサインの写真を使いました。『五木寛之雑学対談』（75年・講談社）は北欧で撮った風見の写真を使いました。この風見には人形が二体ついていて、ちょっと対談しているように見えたんです。

　丸谷才一・山口瞳対談『男の風俗・男の酒』（83年・TBSブリタニカ）では丸谷さんらしき人物と山口さんらしき人物が窓辺で対談している絵を描きました。窓の向こうの風景をカヴァー表は京都で撮った庭の写真、カヴァー裏をニューヨークの夜景の写真にしました。昼も夜も対談を続け、話題は洋の東西を問わず、という感じにしたんです。

　ときどきですけど、わけのわからん写真も撮っておきます。雲だけとか、走る車からのブレた風景とか、プールの水のきらめきとか。これを地紋のように、絵のバックに使うことができますので。アート・バックウォルドのユーモア・コラム「バックウォルド傑作選」のシリーズは、この手を使っています。

装丁のために写真を撮る、というのは主として自分の作る立体物を撮る場合です。むずかしいライティングをしなくては撮れないようなもの——陶器など——はプロのカメラマンに頼みますが、たいてい自分で間に合わせちゃう。

岸田今日子『あかり合わせがはじまる』（84年・講談社）は岸田さんの舞台女優としての話が中心ですから、舞台のセットを厚紙でラフに作りました。それに題名のあかり合わせ——照明を入れた舞台稽古ですね——の気分を出したかったから照明を入れました。と言ってもスタジオ撮影でないシロウト写真なので、太陽光線を利用して、ケント紙を丸めて光を集めてスポットライトのようなものを作ったんです。面白い写真になったと自分では思ってるんですけどね。

丸谷才一『山といへば川』（91年・マガジンハウス）は柔らかめの文芸評論集ですが、タイトルは日本の典型的な合言葉ですね。ですから山と川を絵にしてもしょうがない。そこで二つのお面を紙粘土で作って、写真に撮りました。「山」と言う人物と「川」と答える人物のつもりですが、カーニバルのマスクふうでもあります。それは丸谷さんの評論の切り口のひとつであるカーニバルを意識したためなんですね。

『山といへば川』の続篇にあたる『木星とシャーベット』（95年・マガジンハウス）も同じ

ように写真を使いました。小さな天体望遠鏡のような形をボール紙で切り抜いて細工したものを日なたで撮影したものです。木星やらシャーベットをそのまま出すのでは能がないので、木星を覗く望遠鏡という気持ですけど、もうひとつ、丸谷さんの昔の評論集『星めがね』を遠くの方で匂わせています。

丸谷才一・山崎正和対談集の『半日の客 一夜の友』（95年・文藝春秋）では装飾用の革を切り抜いて絵にしたものを撮りました。何のためだったか忘れちゃったんだけど、仕事で使おうとして取り寄せた革の見本の切れっ端が残っていたので、それを利用したんです。カヴァー表は二人の人物――対談ですから――を切り抜いて下に、上の方に花を置きました。カヴァー裏は二つの盃と月をあしらいました。これは題名に由来した絵です。題名の出典は平家物語で、「花の下の半日の客、月前の一夜の友」というところ。いや、ぼくは学がないからそんなこと知りませんでしたが、冒頭に二行ばかり引用されていましたので。

佐藤允彦『すっかり丸くおなりになって…』（97年・メーザー・ハウス）は音楽に関する辛口エッセイ集です。ジャズピアノの名手の允彦さんは、音楽の専門誌にエッセイを連載していて、これは二冊目の著書。一冊目の装丁もぼくがやりましたが、あの時はペン画に色指定の手法。今回は出版社が違うので、写真を使いました。『あかり合わせがはじまる』のようにボール紙でセットを、今度はライブハウスの内部という設定で、ピアノがあって、壁面にはジャズに関するポスターが貼ってある、というやつを作って撮影。同じセットだけどまるで別の表情になるように違う光を使って二枚の写真を撮って、カヴァーの表と裏に使いました。自然光で、部屋にあるブラインド越しの光などをそのまま利用しています。

コラージュという手も使いますね。コラージュは材料によって著者の体温を伝えることができます。例えば『チャックより愛をこめて』（73年・文藝春秋）は黒柳徹子さんの初エッセイ集で、ニューヨーク滞在記です。現地から発信された原稿を集めたもので、当時の写真、手紙や切手、原稿が送られてきた封筒などが材料としてありましたから、それをコラージュしました。

宮脇俊三『時刻表2万キロ』（78年・河出書房新社）は汽車旅のお好きな宮脇さんの思いがこもった本です。宮脇さん所蔵の時刻表や切符、地図などをコラージュしました。ただし、使いたいのはたいてい著者が大切にしているものなので、勝手に切ったり貼ったりはできません。所有者の許可を得てコラージュするか、実際に切り貼りするのではなく、印刷の指定でコラージュふうに作るか、ということになります。

木村二郎『ニューヨークのフリックを知ってるかい』（81年・講談社）は映画とミステリ

ー小説に関するウンチクとニューヨーク情報の本。著者から切り貼りしてもいいという条件で提供してもらったニューヨークに関する印刷物を使いました。『英語物語』（89年・文藝春秋）は翻訳書です。英語の伝播に関する本ですから、英米の文学や音楽、新聞など、言葉にまつわるさまざまなものを、これは自分で集めて、切り貼りできないものはそれらしく自分で描いて、コラージュしました。

あとはそうですねえ、エアブラシをたまに使う。バックにエアブラシのマチエールが欲しい、という時だけですけど。山口はるみさんのようにエアブラシで絵を描くことはできません。

丸谷才一・山崎正和対談の『見わたせば柳さくら』（88年・中央公論社）のカヴァーは、一見和物の包装紙のような作りになっています。が、これはぼくの彫ったイモ判です。鳥とか波とか、花とか蝶とかいくつかの要素を和紙に押して作っておいて、コピーで増殖して、それを貼り合わせて千代紙ふうというか、包装紙ふうに仕上げたものです。

いちばん多いのはロットリングですね。ロットリングに色指定、というのが多い。慣れていて仕事がスムーズに運ぶ、ということなんですが、ラクだからこの手法を使うというわけじゃなくて、まあ得意な手法だから、結果がうまくいくことが多いんです。ほかの手はどちらかと言うとぼくにとっては冒険で、うまくいくと面白いけど、予測がつかない。

締切の厳しい時はあまり使えません。

紙は、ロットリングを使う時は普通はケント紙です。ただし和物の時に、和紙にロットリングで描くということもします。ちくま文庫の「古典落語」のシリーズ（89年〜90年）では、このやり方で志ん生、文楽、圓生、といった噺家さんたちを描きました。

カラーインクにワットマン紙ということもあるし、和紙を使うこともありますが、やっぱりケント紙が圧倒的に多いです。

デザインするための用紙はケントですね。ケント紙に2Hの鉛筆、版下はロットリング。昔はカラスロを使っていましたけど、ロットリングが作られて、機能的になりました。カラスロは面倒くさかったからね。

デザイン的な手法で言うと、たまに絵を製図用具で描くこともあります。『手塚治虫ランド』（77年・大和書房）の扉には定規とコンパスで描いた手塚さんの似顔絵を載せました。

拡大する、というのもデザイン的手法です。縮小するのはまあ普通のやり方で、全体にきれいに見える、少々ラフな部分も目立たなくなる、ということで通常使われますが、ぼくはほとんど原寸主義です。描いている時、仕上がりの感じがいちばんわかる――当たり前ですけど――ということと、デザインがやりやすいということですね。デザインは当然仕上がりを考えてやりますから、原寸がいい。それには絵の方も原寸で揃えておいた方が仕事がしやすい、ということです。

拡大、というのは縮小して原画をきれいに見せるというのと逆の現象になります。荒れてきたなくなる。きたなくなると言うと言葉が悪いですけど、ラフな気分が出る、あるいは大胆な感じになる。その効果を利用することがあります。

つかこうへい『龍馬伝』のことは前にも言いましたが、拡大した例です。

村上春樹『ザ・スコット・フィッツジェラルド・ブック』、その続篇に当たる『バビロンに帰る』のカヴァーはフィッツジェラルドと奥さんのゼルダのポートレートをペンで描いていますが、線に強さを持たせるために拡大して使いました。

椎名誠『ジョン万作の逃亡』（82年・角川書店）の装丁は中身の小説の激しさ——これは椎名さんの自称「超常小説」の一作目でした——に比べて少々おとなしかったかなあ、という反省があったんですね。九六年になって新装版が作られたので、絵のイメージはそれほど変えずに、激しさを盛り込んで装丁しなおしました。そのために拡大するという手を使っています。

次は印刷に関する話ですが、色刷りは、大きく分けて、特色を使う方法とアミ版を使って分解する方法とがあります。予算が少なくて、二色刷りでいこ

うという時などは特色を使います。セピアとモスグリーンにしよう、とかね。逆に贅沢ができる場合、特色八色でやってみよう、なんてことも考えられる。ぼくはやったことないですけど。もしそんな注文があったとしても、ぼくは貧乏性だから、そんな予算があるんだったら別のところに使いましょう、と言ってしまうに違いないです。

とにかく特色には特色のよさがあって、微妙な中間色とか、思いきり強い色とか、金や銀、蛍光色など、分解では出せない色を使うことができます。

でも四色刷りのことが圧倒的に多いですね。予算などから言っても、四色刷りがスタンダードになってます。それに現在は印刷機も発達して、四色が一度に刷れたりします。ひと昔前までは、まずキ版を刷って、次にアカ版を刷って、というやり方でしたから、一色増えるごとに値段も高くなっていったものですが、今は必ずしもそうじゃない。カヴァーは四色刷りで、というのが依頼される時の条件としては普通です。時には四色プラス一色でいきましょうか、と言われることもあります。どうして五色と言わないのかというと、分解の四色と特色一色なんです。写真を四色分解で刷って、タイトルを特色で刷ってみようというふうに。ぼくはたいてい四色で大丈夫、と答えますけど。

分解の四色というのはアイ、アカ、キ、スミです。この言い方は印刷用語で、アイと言っても藍色ではありません。セルリアンブルーに近い青です。アカも真っ赤ではなく、ピンクに近い。キは普通の黄色で、アカとキを重ねるといわゆる赤になります。印刷用語ではそれを金赤と呼んでます。スミは黒のこと。英語で言うとアイはシアン、アカはマゼンタ、キはイエロー、スミ[illegible]ブラックですね。イエローとブラックはわかりますけど、辞書によればシアンは[illegible]マゼンタは赤紫です。[illegible]くらいですから理論的にはアイ、アカ、キの三色ですべての色が再現でき[illegible]三原色ですが、それにスミを加えることによって、暗いところはきっちり黒くなる。メリハリがつく、というわけですね。それに文字などは黒で刷ることが多いですから、スミは必要になります。そんなわけで四色がスタンダード。

この四色のアミのかけ合わせで、ほとんどの色を再現しています。写真でも絵でも。しかし厳密に言うと、そのものにはなりません。そこで、もっと原画に近づきたい時に、特色を加えることもあります。空の青さがどうしても足りない、ということで原画にある青と近い色を作って分解した四色の上に加える、ということです。

そんなふうに頑張って限りなく原画に近づこうとするわけですが、それでもキャンバスに油絵具で描いたものと、紙に印刷インクで刷ったものとは根本的に違うんですね。絵描きさんの場合はキャンバスに油絵具とか、和紙に日本画材とか、とにかく仕上げた絵そのものが自分の作品になります。それを印刷で再現すると、似て非なるものだという不満が湧いてきます。ぼくたちの場合はちょっと事情が違うんですね。一所懸命描いた絵はとりあえず完成品ではあるんだけど、それが印刷になって初めて世に出る仕事をしています。

したがって本当の完成品は印刷されたもの、ということになります。そう考えると、原画と印刷されたものを比較して、ここが違うあそこが違うと文句を言わなくてもいいんじゃないか。

もちろん、あまりに違うのは困りますよ。印刷が下手だとか、手抜きされてる場合は困る。でも印刷所が頑張って限りなく近づけてくれている場合、原画と印刷との宿命的な違いにまで苦情を言っても仕方がないんです。

スミを抜いた三色分解にすることも時々あります。スミを入れた方が原画に近づくけれども、黒が入ることによっていくらか濁った感じになることがある。スミを抜くとちょっと明るくなります。『ユリシーズ』のカヴァー、一巻から三巻までの青い地色、赤い地色、緑の地色は三色分解にしました。原画の色と少々違っても、明るい方を選ぶわけです。つまり結果は印刷の出来上がりであって、読者は原画を見るわけではないので、原画と比べて印刷を云々することはありません。絵画の場合だと、ルーヴルに行ってみたら今ま[illegible]見ていた複製のモナリザとはまったく違っていた、なんてことがあるわけですね。イラ[illegible]が原画を並べて展覧会をすることはあるけれども、印刷を前提として描くものは絵画と[illegible]に事情が違います。

印刷されたものが完成品という考え方は、色指定の場合に顕著に表われます。原画には色はなくて、印刷されて初めて色がつく。いかにもグラフィックという感じがして、ぼくは好きなんです。

色指定はベタとアミに分かれます。ベタというのは色そのものをベッタリと刷ること。アミというのはベタにアミをかけてハーフトーンにすること。あ、アミをかけるって言っても、一般の方にはわかりにくいですよね。網を仕掛けて魚をとるわけじゃない。

新聞の写真を虫メガネで見ていただくとわかるんですが、点々で出来上がっています。黒っぽい、暗い部分は点々が大きく、点同士がくっついたりしています。白っぽい、明るい部分は点々が小さくなります。点々の大小で濃淡を出すわけですね。点々は大小を問わず網の目状にきちんと並んでいます。これがアミ版。この並んだ点々をぼくたちはアミ点と言っています。英語ではスクリーン。

絵でも写真でも、濃淡を機械的に読みとって、アミ点に置き換えるわけです。それが製版されて、印刷される。刷られたものに濃淡があるように見えても、印刷インクは濃くなったり薄くなったりしません。実は同じ濃さで刷られてる。でもアミ点が大きい部分が濃く見えて、アミ点が小さい部分が薄く見えるんです。

色指定というのは、これを人為的に作りだそうというものです。もちろん写真みたいなものを人為的に作ろうと言っても容易じゃない。今はコンピューターでそういうこともできるかもしれませんが、それはあまり意味がないんで、色指定でないとできない結果を予測して、ぼくたちは原稿を作ります。

ぼくのやり方はそんなにむずかしいものではありません。手間がかかって面倒ではあるでしょうけど。

基本はスミ線で絵を描き、線で囲まれた中に印刷で色を入れてもらう、ということなんですね。例えば外国の女性の顔を描く。まず肌色をきめる。髪の毛を茶色にしたい。目玉の色はブルーがいい。唇には濃いめのピンクの口紅をつけていることにしよう。そこで黒一色の絵の上にトレーシングペーパーをかけ、色鉛筆で仕上がりはこうしたいと思っている通りに色を塗ります。あとは色見本を貼るという指定のしかたもありますが、ぼくは数字を書き込みます。それはアミ版のパーセントの数字です。何もないのが0、ベッタリが100として、薄い方10から濃い方90へと、十一段階の数字です。

肌色はM20Y10、髪はC40M60Y60、目玉はC50M30、唇はM80Y50、という具合です。Cはシアン、Mはマゼンタ、Yはイエローの略で、それぞれの濃淡の重なり具合で望む色を出すわけ。慣れてくると、勘を頼りにかなり思い通りの色が出せるようになりますが、念のためにカラーチャートで確認はします。それと、白目のところは「白」と指定しておかないと、アミが入っちゃう場合もあります。

ぼくはアミ指定をする場合、あまりスミアミは重ねません。色が濁るから。三色だけでやっていますが、それでも計算上は千三百三十色出ることになる。スミを重ねると一万四千六百四十色の計算になります。これは一〇パーセント刻みの場合で、五パーセント刻みなら大変な数字になる。五パーセント刻みのスクリーンを使う印刷所も多くはないですし、そんなに色数があっても使いこなせないし、千三百も色があれば、まあ充分かなと思っているんですけど。

今、線はスミでと言いましたが、その線に色をつけることも可能ですし、色の中にグラデーションをつけることもできる。ただしあまり複雑な指定は能率的でないし、印刷所からも嫌がられますから、仕事の大きさやらお金のかかり方なんかも考慮に入れといた方がいいかな、と、思います。働く人にあまり収入に見合わないつらい作業はさせたくないな、という感じもあるのですが、とにかく自分が絵の具で色を塗るのとはまったく違う肌合いがこの色指定にはありますので、ぼくは好きで大いに利用しています。

13　文庫のカヴァー

文庫本というのは単行本と中身は同じでも、性質の違うものですね。もともとはできるだけ本を安く作って安い値段をつけて、たくさんの人に読まれるようにする、という目的で作られた形式ですから、美しさとか洒落っけよりも実質を貴ぶものでした。したがってカヴァーなんてなかったんです。同じデザインの表紙で、書名、著者名の文字だけを刷りかえる、というスタイルのものだったんですね。

ですから表紙にはどんなタイプの内容がきても合うデザインが採用されています。日本の古典文学がきても、翻訳小説がきても、童謡集がきても困らないデザイン。地紋のようなものとか、まわりを囲む飾り模様のようなものとか。

ところが、実質本位だった文庫本も、出版社間の競争が激しくなると、個別化を図るようになります。文庫の表紙ってだいたい一色刷りで地味なものですけど、それにカヴァーをかけて派手に見せる。お洒落をする。そうすると値段はちょっと高くなりますが、その方が売れる時代になったんですね。今は文庫でもカヴァーがかかっているのが通常になりました。ただし、カヴァーをはずすと、昔ながらの表紙が現われます。

文庫の仕事をする時はカヴァーだけを担当します。表紙は統一デザインだし、文庫本には見返しはありません。扉は本文用紙が使われて、デザインも共通のものです。ぼくは文庫本の仕事もたくさんやっていますが、文庫の場合は装丁をするとは言いにくくて、カヴァーを描くとかカヴァーをデザインするとか言ってます。「装丁と装幀」のところで言ったように、カヴァー、表紙、見返し、扉、という表紙まわりすべてを考えるのが装丁だとするなら、それからははずれるわけですから。

だからと言って、文庫本を差別してるわけじゃありません。本の普及という本来の目的は大切なものだと思うし、小ぢんまりしたスペースの中でのデザインというのもそれなりに魅力があります。それと、文庫に対する思い入れには、もう一つ別の理由もあるんです。

昔、明治から大正、という時代に、「袖珍文庫」という文庫本がありました。主に日本の古典を収めたシリーズです。ぼくは一冊だけ「俳諧七部集」を持っていますが、奥付を見ると、「発行者、山本銀次郎」とあります。この人はぼくの母方の祖父なんです。ぼくが生まれた時はもうこの世にいませんでしたが、そのつれあいであったおばあちゃんから、シュウチンブンコという名前を子どものころによく聞かされていたんです。

「袖珍」というのはたもとに入れるもの、ということですね。たもとに入れられる本、今ふうに言うならポケットブック。当時としては新しい試みだったんだろうと思います。

そのあと追っかけるように「立川文庫」が出ました。立川文庫の方が世の中に知られています。こちらは「宮本武蔵」だの「寛永御前試合」だのというエンターテインメントを収めていました。そっちがよく売れたんですね。袖珍文庫の方はあまり長つづきしないで廃刊になってしまいました。

この祖父は出版のプロではなくて、もとは油屋さん、灯油を商っていたらしいんです。電灯の時代になって灯油では商売にならないというんで、いろんなことに手を出して、出版もその一つだったようです。おばあちゃんは「道楽者」と表現してましたけど。まあそんなこともあって、文庫本にはシンパシイを感じるわけです。

で、文庫本のカヴァーですけれども、フォーマットがあります。カヴァーの表は基本的には自由にデザインできますが、何々文庫という文字の書体や大きさはだいたい決められています。マークがあって、色も決められているところもあります。それが強い色だと、なかなかやりにくい。

作家を識別するために背の色を作家ごとに変えている、というケースも多くなりました。中には変てこな色がつけられてる人もいて、趣味が悪いから変えましょうよ、と提案しても、この作家はこの色に決めてあります、と拒否されちゃう。カヴァーの裏も今やそれぞれ統一されてる。だいたい作品の説明が数行入るという決まりですね。さらにバーコードが入るようになった。

かつては出版社によってカヴァーの裏もデザインできるところがありました。角川文庫もそうだったんです。たとえば角川文庫の『不思議の国のアリス』（75年）のカヴァー表は、穴に落ちるアリスの絵を描きました。物語の導入部です。カヴァー裏には不思議の国でアリスが出会う、キノコの上に坐ってる芋虫を描きました。カヴァーの表と裏で、物語の中の時間経過を感じさせる仕掛けです。ところがいつのまにか角川文庫もカヴァー裏は説明を入れるというシステムが取り入れられていて、書店で何刷りめかの『アリス』を手にとってみたら、裏の芋虫は姿を消していました。こういうのは淋しいですね。

角川文庫に入った吉行淳之介さんの作品はほとんどぼくのカヴァーですけど、『浅い夢』（78年）という小説があります。「いろはかるた」をモチーフにして、「い」の章、「ろ・は」の章と続く長篇小説なので、表と裏にかるたのデザインをしました。表は棒に当たってる犬。裏は金棒を持った鬼。表が㋑の「犬も歩けば棒に当た

る」で、裏が（お）の「鬼に金棒」です。表だけでも「いろはかるた」だということはわかりますが、裏を見て、それがもっとはっきりする。表と裏が呼応しあう、という工夫をしているので、表だけでは面白さが半減します。

もう一つ吉行さんの本で『樹に千びきの毛蟲』（77年）。これは随想や日記をまとめたものですけど、表には千匹も毛虫がいそうな木を描きました。裏にはその木が新芽だったころ。つまりその大木の何十年も昔の姿をカヴァー裏に描いたわけです。表だけでも成立する絵ではありますが、裏の絵によって別の面白さが出る。

朝日文庫に丸谷才一さんの『雁のたより』（86年）という文芸評論集があって、そのカヴァーデザインをしました。花札の八月には山が描いてあって、山だけの札が二枚、雁が飛んでる札が一枚、満月が出てる札が一枚ありますが、この雁の絵を使いたいと思ったんだけども、『雁のたより』というタイトルに対して直接雁を出すのはちょっと恥かしい。そこで雁の札はカヴァーの裏に使って、表は山だけの札にしました。単行本の題簽を谷崎松子さんがお書きになっていたので、文庫にも使わせてもらいました。この題字を短冊型に収めて、著者名も並べて、山の上に置きました。裏を返すと初めて雁が現われる、という仕掛けです。洒落たものになったと自分では思ってるんですが、カヴァー裏から雁が消えたらデザインの意図はわかってもらえない、と思います。

現在の文庫の仕事は表側一枚だけを依頼されます。新書版の本もだいたいそうですね。

裏側をデザインしてもしなくても、たぶん原稿料は同じなので、片側だけの方が得じゃないかという考え方があるかもしれないけれども、ぼくは仕事は面白い方がいいので、カヴァー裏も解放してくれてた時代の方が楽しかったですね。

　ほとんどの場合、単行本がまず出て、それが文庫化されます。単行本をぼくが装丁したとすると、文庫の方もやってくれと言われるケースが多いです。同じ流れの仕事ですから、よほどのことがない限り、お引き受けします。

　ただちょっと困るのは、単行本と違うイメージでやってくれと言われることです。たまにですけど、そういう注文をされる。そこで考えるのは、単行本の時にぼくが失敗して、内容をうまく伝えない装丁をしてしまったので、今度は軌道修正してくれ、と言われているのかな、ということですね。しかしこういう場合、思い直してもそれほどひどい仕事はしなかったはずだし、ひどい仕事をしたのなら、文庫化の時はお呼びがかから

ないだろうと思うわけです。

まあ編集者の立場になれば、単行本と同じイメージの小型本が書店に並ぶよりも、新しい気分の本が登場した方が楽しいかもしれない。それから同じ出版社でも単行本と文庫では担当者が違うことはよくあります。自分が新たに作る本なのだから、前と似たようなものじゃない方がいい、と考えることもあるでしょう。さらに単行本と文庫で出版社が違うということもあります。この場合、A社で出した本の雛形みたいな本はB社としては作りたくない。

いずれの場合も編集者の気持はよくわかるんですね。わかるけれども、ぼくは読者のことも考えます。好きな作家の単行本を持ってる。それが文庫化された時、単行本と同じイメージのカヴァーがついていれば、ああ文庫版が出たな、とすぐわかりますね。でも、まるで違うカヴァーデザインの文庫だったら、別の本が出たと思ってあわてて買ってしまうそそっかしい読者がいるかもしれない。意地悪く言うと、出版社がそれを狙いたいのかなと考えちゃう。

文庫には多くの場合、単行本にはついてなかった「解説」が入っていて、それがとてもいいということもあるので、単行本と文庫の両方を持ってるのが嬉しいという読者もいるでしょうけど、そんな愛読者ばかりとは限りませんから、ぼくはできるだけ読者に混乱を起こさせないようにしたいと思ってます。つまり、単行本の文庫化の場合、少くとも自分が単行本もやった場合は、ほぼ同じデザインをすることが多いです。

そっくり同じものの縮小版ということもあるし、基本的にサイズが違いますからそのまま全体を縮小するというよりは、文字の部分とイラストレーションの縮小率を変えるとか、絵の要素を少しだけ変えてみるとかすることもあります。単行本はカヴァー裏にもイラストレーションを入れていることが多いので、そっちの要素を文庫の表にとり込んでみる、ということもします。ただ、文庫は小型なので、要素が多くなりすぎると小さいスペースの中でちまちましたデザインになりかねないですから、気をつけますけども。

単行本の装丁をほかの人がやっているのに、文庫の依頼がぼくの方にくることもあります。それは気を遣いますね。ぼくはなるべく単行本を担当したデザイナーに文庫もお願いするといいですよ、と言うようにしています。今言ったように、イメージが統一されている方がいいだろうというのが理由その一です。理由その二は、そのデザイナーが面白くないんじゃないかということです。自分の仕事が気に入られなかったからほかの人に頼んだのかな、と思うかもしれないじゃないですか。ぼくが単行本をやって、文庫のカヴァーは別の人、ということも当然あります。やっぱり気にしますもんね。著者に気に入ってもらえなかったのかな、とか。少しは考える。現実はもっと単純で、単行本と文庫の担当者が違っていて、それぞれ好きなデザイナーに頼んだ、というだけのことかもしれませんけど。

　初めて手がけた文庫本のカヴァーは、マッギヴァーンの『最後の審判』と、ハメットの『血の収穫』でした。どちらも創元推理文庫で、一九六二、三年のことです。『血の収穫』を頼まれた時は嬉しかったですね。大好きな小説だったので。かなり昔の話だから依頼されたいきさつはよく憶えてないんですけど、たぶんあのころ「マンハント」というハードボイルド専門の雑誌にときどき挿絵を描いていましたから、それが創元新社の担当の人の目にとまったのかもしれません。この二冊の絵は、ぼくとしてはごく初期のスタイルです。下手です。でも今見ると懐しい。

『血の収穫』の時は、ぼくは題字そのほか、文字を下の方にレイアウトしてます。ちょっと気どったデザインでね。で、文字が下にあるってことは、当時は文庫にオビがかかってなかったってことですね。主人公のオプらしき人物を大きく描いているんですが、身体の一部がカヴァーの裏に回っています。裏も自由に使えた、ということです。デザイナーにとっては、あのころの方が自由ないい時代だったと思います。

　文庫の中の一つのシリーズを担当することもあります。シリーズであることをはっきりさせるようにフォーマットを作ります。この場合は自分で作るフォーマットですから、制約でがんじがらめになるというイメージはありませんね。あまりにも長く続くシリーズだったら、ひょっとしてそういう気持になることがあるかもしれないけど、普通は大丈夫。むしろ自分が続けて楽しめるようなフォーマットにします。

ハヤカワ文庫でレックス・スタウトのネロ・ウルフ・シリーズをやりました。ネロ・ウルフというのは小説の中の名探偵の一人で、ビールが好きで、蘭の栽培が好きで、グルメで、デブというキャラクターです。この人物の横向きの半身をシルエットで描きました。これがまん中にドーンとくる、というのがフォーマットです。ネロ・ウルフ・シリーズということは何も書かれていません。『毒蛇』（78年）とか『赤い箱』（81年）とかタイトルだけですから、主人公らしき人物がいつもまん中にいることで、シリーズということを明確にしています。

レックス・スタウトはネロ・ウルフものを三十冊以上書いています。そのうち何冊翻訳されたのかよく知りませんが、ハヤカワ文庫のシリーズは今のところ七冊です。人物のシルエットは同じで、彼が手に持つものを時々変えてビールにしたり蘭にしたり。その上に一作品ずつ事件がありますから、その事件を思わせる要素をシルエットの中に入れるようにしています。

ハヤカワ文庫には「アメリカ探偵作家クラブ傑作選」というシリーズもあって、これもぼくがカヴァーを担当しています。このシリーズは一人の作家のものではなくて、アンソロジーです。アメリカ探偵作家クラブのメンバーが交替で編者になるミステリ短篇集で、テーマで分かれています。密室もの、女性もの、警官もの、外国もの、というふうに。エドガー賞を獲った作品を集めたものもある。エドガー賞というのはエドガー・アラン・ポーの名をつけた賞です。

カヴァーにはそれぞれのテーマを表わすイラストレーションを描いています。警官ものなら警官を描くし、密室ものなら鍵穴を描く。外国ものは『遠い国の犯罪』（90年）というタイトルがついていますが、インドも南米も日本も出てくる。宇宙基地さえ出てくる。こういう場合は一つの国を描いたんじゃ面白くないから、いろんな国の風景を一枚の絵の中に描きます。

『動物たちは共犯者』（91年）というのは動物の出てくる短篇を集めたもので、猫、犬、ネズミ、コウノトリ、蛇、といろんな動物が登場します。これも一つの動物に代表させずに何種類かを描きました。

『エドガー賞全集』（83年）はこの賞のトロフィーになってるポーの胸像を描きました。『新エドガー賞全集』（92年）というのもあって、一つ（前者）はポーの胸像の影がカラスになってる。もう一つ（後者）は影が猫になってる。説明は要らないでしょうけど、どちらもポーの作品、『大鴉』と『黒猫』でありますね。

ほかにも『ショウほど素敵な犯罪はない』（89年）

というのがあって、これはショウビジネスにまつわる短篇。オペラグラスを描きました。これにも影があって、というのはスポットライトが当たって影を作っているのですが、影が人の形になってます。

　ロットリングで描いて色指定というやり方でこのシリーズを続けていて、今のところ十二冊出ています。ただし、絵の内容もいろんなタイプのものが出てきますので、シリーズであることをはっきりさせるように、題名の文字をナナメに組んでいます。文字をナナメにするのはぼくは滅多にやりませんので、そういう意味でもこのシリーズでは特徴があると言えるかなと思ってるんですけど。

　文春文庫ではマーサ・グライムズの「警視リチャード・ジュリー」シリーズ（85年〜98年）があります。このシリーズの最初は『「禍いの荷を負う男」亭の殺人』というものでした。次は『「化かされた古狐」亭の憂鬱』。この「禍いの荷を負う男」とか「化かされた古狐」というのはパブの名前なんです。小説も原題はパブの名前だけになっていて、「……亭の……」というのはわかりやすいようにつけ足した日本の題名です。つまり、これはパブが舞台になったミステリーのシリーズで、ほかにも「悶える者を救え」亭とか「独り残

った先駆け馬丁」亭とか、何とも奇妙な名前のパブが本のタイトルになっています。実際にイギリスにはこういう名前のパブが多いんだそうです。奇妙さを競い合うということもあるらしい。こういうことはぼくは知りませんでしたが、文春の翻訳出版部の松浦伶さん——この人はぼくの『お楽しみはこれからだ』を作ってくれた人でもあります——にレクチャーを受けました。

ともかくパブの名前が小説の題名になっていて、そのことがとても面白い。原作のカヴァーを見ると、だいたいパブの外観に看板が小さく見えていて、ドアから人が出てくるような場面がロングショットでリアルに描かれてます。ぼくはせっかくパブの名前が面白いんだから、看板だけをどんと描く、という方針にしました。看板そのものを作る気持で描きたかったので、ベニヤに描いてます。板の目が見えて看板らしくなります。その上に、描き終えてから、手でこすったり、紙ヤスリでキズをつけたりして、古っぽく見せる、なんてこともやってます。ぼくは普段はできるだけ原寸で描く主義なんですけど、文庫本サイズの看板なんてありませんから、このシリーズに限っては大きく、看板らしいサイズで描いてます。文庫サイズに縮小するのはもったいない、と思うこともありますけど、自分が勝手にとってる方針ですから、文句は言えません。

同じ文春文庫で「人間の情景」（92年～93年）という全八冊のシリーズがあります。ショート・ストーリィのアンソロジーで、『運命の法則』『おんなの領分』『愛の迷宮』といったタイトルがついていて、そういうイメージの作品が集められています。ぼくは石ころに絵を描いてそれを写真に撮って、カヴァーにしました。『運命の法則』は死神みたいな骸骨がホルンを吹いている絵、『おんなの領分』は女性の絵、『動物との日々』は動物の絵、『こんな人たち』は石ころ三つにそれぞれ別の人物を描き、『別れのとき』は絵を描いた石ころを二つに割って写真を撮りました。

写真は自分で撮ります。カメラは6×6も35ミリも持ってますので。むずかしい写真はプロに頼みますが、石ころくらいなら撮れる。スタジオで照明して、というような面倒なことはやめて、仕事場の屋上で、ケント紙の上に石ころを置いて撮りました。自然光です。その日の天気によって石ころの影がくっきりしたり、ぼんやりしたり、偶然性が出てきて、これも面白いです。締切が迫ってるのに雨が降ると困りますけど。

ちくま文庫では「モーム・コレクション」もやってます。サマセット・モームの作品集です。まず、モームの肖像をエッチングで刷りました。モームの似顔って結構むずかしいんです。特徴があるようでつかみどころがない顔なんです。写真を何枚か見たんですが、

どうもうまく描けない。で、「四重奏」という、モームの短篇集を映画化したオムニバス作品にモームが出てたことを思い出して、ヴィデオを手に入れて見ました。モームが冒頭に出てきて自作を解説するんです。しゃべったり動いたりしてるところを見ると、何となくつかめてくる。動いてる最中を捉えてスケッチするのは、動かない写真を見ながら描くよりもちろんむずかしいんですけど、動いてるところ、つまり生きた姿を見ておくと、次に写真を見た時に、どことなく違うんですね。錯覚ではあるけれど、少しだけその人を知った気になるのかな。

　そんなふうにしてエッチングのモームの肖像を仕上げました。小さな版画ですけど、とにかく一枚作った。それをちょっと縮小して、第一集の『アシェンデン』のカヴァーにしました。二集は『コスモポリタンズ』なんですが、一集で使った絵を、トリミングして少し大きくした。三集はもっとトリミングして使う、という具合に、巻を追うごとに、モームの顔がほんの少しずつだけど近づいてくる、というやり方をとったんです。読者にどのくらい伝わるかわからないんですが、というのは、巻を追って買ってくれる読者で、しかもカヴァー・デザインに興味を持ってくれる人でないと、この試みに気がついてくれないだろうと思うんですが、とにかく自分にとっては新しいやり方で、ちょっと気に入ってます。筑摩書房では売れ行きさえよければこのシリーズを続けると言ってるんですけど——モームの作品には限度があるにしても——今のところ何巻まで出るかわかってません。はじめは縮小で使っていたエッチングが、原寸になり、拡大になり、どんどん大きくなって、目だけになったりするところまでいけば面白いと思ってるんです。

14　村上春樹さんの本

村上春樹さんと初めて会ったのは、彼がまだ酒場を経営していたけれど、作家としてのスタートもしていた、という時期でした。千駄ヶ谷の彼のお店でマルクス兄弟の16ミリ映画を映すから見に行こうと糸井重里君に誘われて、ある晩行ったんです。まだヴィデオの時代じゃなくて、そういう上映会というのは珍しいチャンスだったんですね。客は十数人でしたかねえ。映写会だから暗がりで、村上さんの方はぼくのことを認識しなかったと思いますが、ぼくの方はよく憶えてるんです。

その後彼はどんどん作家として名を上げていって、酒場をやめて専業作家になったわけですが、ぼくも村上さんの作品はよく読みました。ぼくは昔からアメリカ小説が好きなんですが、翻訳によって同じ小説でもつまらなく感じたりします。翻訳のうまいアメリカ小説のムードがいい。村上さんの小説は村上さんのオリジナリティがそういうムードで包まれているように感じられて好きになったんですね。

村上さんには名コンビの画家が二人います。佐々木マキさんと安西水丸君。佐々木さんは『カンガルー日和』『パン屋再襲撃』など、水丸君は『蛍・納屋を焼く・その他の短編』『日出る国の工場』ほかたくさん。どちらも実にぴったりの装丁になっている。ぼくが村上さんのファンでも、ちょっと入り込む余地はないなあ、と感じていたんですが、依頼がありました。

まずは翻訳の『熊を放つ』（86年・中央公論社）です。創作の装丁に突然ぼくが登場するのは読者にとっても違和感があるに違いないけど、翻訳だと受け入れてもらえそうな気がしました。これは『ガープの世界』を書いたジョン・アーヴィングの処女作ですね。村上さんが興味を持って訳した。動物園の檻を開けて動物たちを解放しようとする青年の物語。ゲラを読んで小説の中に出てくるいろいろな要素をメモにし、その中からオートバイや蜂や動物たちを描きました。タイトルの熊も大事な要素ですから描きたいわけですが、まともに描いては説明的になりすぎるので、星座の大熊座にしました。大熊座という言葉が小説の中に出てくるのでちょうどよかったんです。タイトルは描き文字にして、色指定。

次が『THE SCRAP』（87年・文藝春秋）。これは連載をまとめたもので「懐かしの一九八〇年代」というサブタイトルもついているように、「近過去」に村上さんが触れた雑誌の記事を中心に、小説やら映画などの話題を村上さん流に紹介する短いコラムの集成です。タイトルは雑誌の記事をスクラップするところからきているので、ぼくもタイトル

ザ・スコット・フィッツジェラルド・ブック
村上春樹
ザ・スコット・フィッツジェラルド・ブック
村上春樹
僕がスコット・フィッツジェラルドの作品にはじめて触れてから、もう20年以上の歳月が流れた。そのあいだにいろいろなことがあった。まず第一に僕も——と述べるのも気がひけるのだが——小説家になった。そして少しずつ、少しずつ、彼が死んだ歳（44歳）に近づいている。
僕は時々思う。僕の今の歳にフィッツジェラルドは何をしていたんだろう、と。
ISBN4-484-88207-8 C0095 ¥1200E

の文字を一字ずつ別の雑誌から切り抜いて、コラージュふうに作りました。脅迫状に使う手でもあるんだけど。クリップの絵をペンで描いて、デザインは高級ノートブックふうに仕上げました。

その次が『ザ・スコット・フィッツジェラルド・ブック』。これは著者の好きな作家についての本ですね。著者が訳した短篇も入っています。

これより数年前にぼくは『ときにはハリウッドの陽を浴びて』（82年・サンリオ）という本の装丁をしていました。この本はハリウッドでシナリオを書いたことのある作家について記されていて、フィッツジェラルド、ウィリアム・フォークナー、ナサニエル・ウェストとか、そうそうたるメンバーなんですが、たいていうまくいかない。若くて無名だった彼らは高いギャラをくれるハリウッドからの誘いに乗るんだけど、ハリウッドというところは作家性よりも観客動員のことを考えるプロデューサーが牛耳っていますから、作家の思うようにはならないわけ。そういう興味深い本で、ぼくは登場する作家たちの似顔絵をカヴァーに描きました。村上さんはこの本を買った時に、装丁に興味を持ってくれたんだそうです。

そういう縁で、フィッツジェラルドの本を依頼されたんですね。で、フィッツジェラルドを描くことにしました。著者からフィッツジェラルドに関する写真満載の本を借りて、参考にしながら描いたんです。カヴァー裏には奥さんのゼルダを描きました。彼女は作家を語るために重要な存在なんです。表紙にはブルックリン・ブリッジを描きました。絵はどれも小さめに描いて拡大して使っています。ペンの線を粗く見せる効果を狙いました。カヴァーはその絵に色鉛筆でラフにタッチをつけてます。題名著者名は、ゲラの中の小さな活字から拡大しました。カヴァーの用紙はOKミューズカイゼル、表紙はOKサンドで、全体にラフな感じですが、色彩はソフトにしてバランスをとりました。

そのあと、講談社から『村上春樹全作品』の装丁を依頼されました。九〇年から九一年にかけて全八巻。ずいぶん若いうちに全集が出るんだなあ、と思いましたが、そのころから村上さんは外国生活が長くなった。もともと雑誌に連載をいっぱい持って、完結するとどんどん単行本にする、というタイプの作家ではなくて、長篇はすべて書きおろし、という人ですから、あまり催促のない外国にいるとますます寡作になるらしい。しかしこの作家の本を待ってるファンも多い、ということから、既刊でも装い新たに、という発想が出版社に生まれたのかもしれない、と思います。

この仕事を手がけることができるのは嬉しかったんですけど、ちょっと悩みもありました。村上春樹ファンとなると、佐々木さんや水丸君の絵のファンでもあるだろう、俺がやってガッカリされないかなあ、ということが一つ。それから、ファンならすでに単行本を持っているだろう、その上に全集を揃えるとなると、全集によほど魅力がないといけない、と思ったことがもう一つです。それなら、魅力を作り出せばいいじゃないか、ということで、それを考えました。

全集だと、統一されたイメージが必要になります。それは何だろう。村上さんの小説にはシュールなものもあるし、リアルなものもある。物語はさまざまです。でも彼の作品を思い起こしているうちに、手紙！　ってひらめいたんです。手紙の文面の気分。例えば『ノルウェイの森』にも手紙のやりとりがありますよね。もちろんどの作品にも手紙が出てくるわけじゃないけど、手紙や絵ハガキのイメージが浮かんだ。それに小説はある意味で作家から読者への手紙かもしれない。そう解釈するのが似合う作家と似合わない作家がいるとすれば、村上さんは似合う方に入るんじゃないか。

それで切手をモチーフにしようと思ったんです。切手というものは蒐集家もいるくらいでなかなか魅力のあるものでしょ。あの小さなスペースというのもいいし、まわりのギザギザ――専門的には「目打」というらしいけど――あれも独特のものだし。で、どうせやるなら、本物と同じような切手を作って、それを表紙に一冊ずつ貼ろう、と思ったんですね。本一冊一冊が手紙であるように。

担当の木下陽子さんにおそるおそる相談したら、やってみましょう、ということで話が決まった。おそるおそる、というのはそんなことするのは手間もかかるし、金もかかる、勘弁してくれ、と言われるんじゃないかと思ったからです。でもこれは贅沢な本にしたいので、少々のことはＯＫ、と言われました。それで切手の制作にとりかかった。

一巻目は鳥、二巻目は花、三巻目はキノコ、四巻目は貝、五巻目は虫、六巻目は木の実、七巻目は魚、八巻目は地図を描きました。それぞれの巻に収録されている作品を頭に置いてモチーフを選んだつもり。具体的に結びついてるわけじゃなくて、ぼくの感覚だけなんですけど。

描き方はケント紙にグァッシュでていねいに描いた。物を比較的リアルにていねいに描くのは「週刊文春」の手法です。「文春」には操を立てて、この手法はほかでは使っていないのですが、ここでは使いました。リアルなタッチの方が切手らしくなると思ったからです。そして切手の大きさのために絵を半分くらいに縮小して使っています。「文春」は原寸で描いているので、それだけでずいぶん感じの違うものになりました。

そして切手用の加工ですが、木下さんが頑張って、本当に切手専門の工場で、本物の切手と同じように仕上げてもらったんです。

さて切手を実際に表紙に貼る、というところで問題が起きました。これは箱入りの本です。ぼくは無造作に切手を貼る、という発想だったんだけど、そうすると箱から出し入れするときに引っかかって、切手を傷めるだろう、と指摘されたんですね。それはぼくの計算に入ってなかった。切手はきれいなまま保ちたいので、箱の方に貼ることもしたくない。仕方なく、表紙にカラ押しで四角く凹ませて、その中に切手を貼ることになりました。

　カラ押しというのは金版《かなばん》を作って、それを強い圧力で紙に押す手法です。インクはつけずに、紙を凹ませるわけです。これで箱に引っかかるという問題は解決したんだけど、きっちり計算されて切手が収まってるふうになって、最初思ってた手紙の感じではなくなりました。それがちょっと残念。

　箱の方は特色三色でいきました。切手のイメージは箱にも使いたい。こちらはラフに描いた抽象模様を切手の絵柄にしてあります。

『バビロンに帰る』は『ザ・スコット・フィッツジ

ェラルド・ブック』の続篇です。けれども出版社は別、という珍しい例ですね。『バビロンに帰る』はフィッツジェラルドの短篇小説で、ほかの四つの短篇とともに収録されていて、それと村上さんのフィッツジェラルド夫妻に関するエッセイが入っている。ぼくとしては出版社が違うという気遣いをしながら、シリーズであることも感じられるような絵を描きました。

カヴァー表もカヴァー裏も、フィッツジェラルド夫妻の似顔絵です。今回も著者の持っている資料を借りて、たくさんの写真の中から参考になるものを選びました。題名の書体や用紙は『ザ・スコット・フィッツジェラルド・ブック』と統一しましたが、今回は絵は拡大にせず、色鉛筆を使わず色指定にして、デザインの気分も少し変わるように絵を四角い枠で囲むようにしました。

『さよならバードランド』(96年・新潮社)はベーシスト、ビル・クロウの自伝でもあり、交遊録でもある著書を村上さんが訳し、さらにジャズ好きの村上さんらしくていねいなレコード・ガイドまでついている本です。この翻訳の半分くらいは「小説新潮」に連載されていて、ぼくが挿絵としてジャズメンの似顔を描いていました。ぼくもジャズが好きですから、楽しんで読み、楽しんで描いた挿絵でしたし、単行本になるときも、これはもうおなじみの仕事、という感じでありましたね。

デニス・ストックがジャズメンばかり撮った写真集があって、その中に夜明けのマンハ

ッタンをベースをかついで歩く男の写真が印象的だし有名なんですが、そのベーシストが、ビル・クロウだったんです。で、その写真をもとにエッチング作品を作ってカヴァーに使いました。カヴァー裏はビル・クロウの若いころの演奏している姿を同じくエッチングにしたもの。挿絵は雑誌の時のものと、描きおろしたものがいっぱい。表紙、扉にも挿絵と同じような似顔を入れました。表紙はクラーク・テリー、扉はビリー・ホリデイ。

　このほかに『レイモンド・カーヴァー全集』があります。村上さんの訳です。村上さん自身の全集が刊行され始めた九〇年から、中央公論社で刊行が始まりました。

　レイモンド・カーヴァーという作家・詩人は、とてもアメリカ的です。アメリカ人だから当然なんだけど、この場合のアメリカ的というのはぼくが感じるアメリカです。ぼくはアメリカに住んだこともないし、アメリカ人の知り合いだってほんの少しですけど、アメリカの影響をたくさん受けてます。終戦以来受け続けているんだとよく言うんですが、考えてみると戦前から、うんと小さいころにミッキーマウスの絵なんか真似して描いてました。そんなふうに漫画から始まって、戦後の流行歌、映画、デザイン、絵画、そして小説と、ぼくの好きなものはアメリカで創られたものが多いんです。だからって何でもアメリカのすることが好きかというとそんなことはないわけで、よその国への軍事介入なんて大嫌いなことで、つまりぼくが好意的に見るアメリカはアメリカの中のわずかな部分かもしれません。

それと、地理について言っても、ぼくが表面的にでも知ってるつもりになれるアメリカはニューヨークとハリウッドにすぎないんで、中西部とか南部なんかが実はよりアメリカ的なのかもしれない。そういうことを考えに入れておく必要があるだろう。

まあぼくの感じるのはそんなふうに漠然としたことなんですが、村上さんが熱意を持ってカーヴァーを訳し続けるのは、もっと深いところで共感できるんだと思います。

これも全集ですから、シリーズとして一つの方針を立てようと思いました。一どきに刊行されるんじゃなく、村上さんが新しく訳すと出る、という不定期刊行なので、全巻揃いでデザインを考えることはできない。とりあえず第一回発売の——三巻だったかな——デザインをして、続刊はそれに合わせる、ということになります。ですから一冊目のヴァリエーションを作ることができるようなデザインが必要になります。

もう一つ考えたことは、それぞれ短篇集であり、詩集の巻もあり、しかも全集なのだから、一冊ごとに内容を表現してゆくよりトータルなイメージを作りたいということです。それでぼくがこの作家について感じた第一印象をイメージとして使うことにしました。つまり多くはアメリカ的なものですね。ゲラを読んでから、担当者は横田朋音さんで、彼女の意見も聞きながら、内容を具体的に説明するのではなく、と言ってかけ離れたものでもない、という絵柄を描いてゆきました。箱入りの本なので、箱の表、箱の裏、表紙1、表紙4、扉、の五か所に絵が入ります。ペンで描いています。色鉛筆でタッチをつけるのは『ザ・スコット・フィッツジェラルド・ブック』以来試みている手法です。

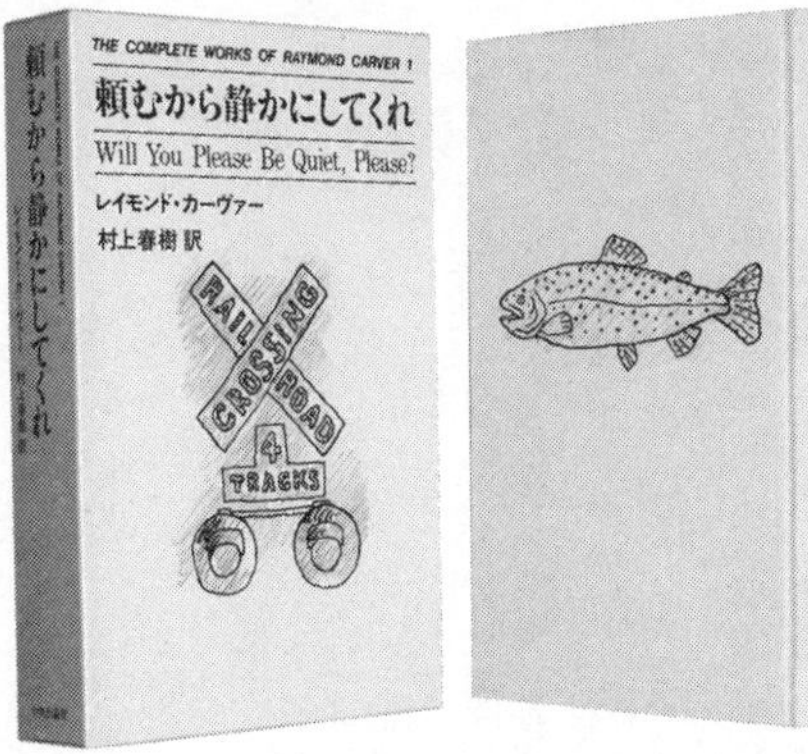

　このシリーズは『頼むから静かにしてくれ』、『愛について語るときに我々の語ること』、『大聖堂』、『ファイアズ（炎）』、『象／滝への新しい小径』、『水と水とが出会うところ／ウルトラマリン』の六冊が出ています〔04年に全八巻完結〕。

15　人の絵を使う

職業欄に肩書きを書き込む必要のある場合、ぼくはイラストレーターと書いていますが、グラフィック・デザイナーだという意識も強いんです。そのつもりで勉強しましたし、自分が描くイラストレーションは現在はほとんど自分でデザインしています。そのほかに人様の絵や写真をデザインすることも多いし、文字だけの装丁をすることもある、といった具合で、イラストレーションを描く数よりデザインする回数の方が多いということになります。

じゃあ何でイラストレーターと名乗るのかときかれても困るんですけど、まあそっちの通りがよくなっちゃったような気がするという程度で、職業名なんかどっちでもいいと思っております。「漫画家」と書かれたこともあるし、「映画監督」の場合もあるし、「装丁家」と呼ばれるのも嬉しいですし。

で、人様の作品を装丁に使う、という話になります。前にこんな絵を描いてくれとスケッチを持ってこられても困るというようなことを言いました。もうひとつ似たようなケースで、この絵を使って装丁してほしい、と言われることもあるんですが、それはイヤじゃないんですね。こんな絵を描いてくれと言われるのはイラストレーターとしての気持になじまないんだけど、この絵を使ってくれと言われるのはグラフィック・デザイナーとしての腕の見せどころ、という感じがあるので、あんまり妙な作品を与えられた時は別として、たいていは受けて立ってます。

それに写真集のデザインをする場合には写真家の作品を使うのは当然なわけですから、デザイナーとしては何の抵抗もありません。画集の場合も同じですね。その画家の絵をデザインのモチーフとして使う。

写真集は立木義浩『イヴたち』(70年・サンケイ新聞社出版局)、早崎治『広告写真術』(74年・河出書房新社)、篠山紀信『ヴェニス』(81年・新潮社)などをやっています。篠山君の写真を中心として、映画のスチールなどもちりばめた『吉永小百合』(95年・世界文化社)というのもやりました。画集は自分の作品集以外、井上洋介さんの漫画集『ナンセンス展』(66年・思潮社)をやってます。少し障害を持っているけど、いい絵を描く岩下哲士君の少年時代からの画集『20歳の個展』(90年・講談社)というのもやりました。今挙げた写真集、画集は装丁だけでなく全ページのレイアウトも担当しています。そうそう、芳賀書店で出している「シネ・アルバム」というシリーズの中のジェーン・フォンダの写真集もやりましたね。ページ数が多いと時間もかかりますが、デザインの仕事は好きなので、興味のあるアーティストのものならつい引き受けてしまいます。

　伝記のたぐいでも写真を使うことがあります。それは当然のことなんですが、ぼくの場合、似顔が営業品目のひとつになっているせいで、伝記の装丁では似顔を期待されることが多くて、写真でいきたいと言うと意外な顔をされることがある。デザイナーとして理解してくれてる編集者の場合はその心配がないんですけどね。

で、ローレンス・オリヴィエの自伝『一俳優の告白』（86年・文藝春秋）は写真を使いました。かなり生真面目な評伝でしたので、似顔より写真の方が合うと思ったわけです。ローレン・バコールの『私一人』も写真です。このお話は映画の本のところでしました。

　伝記でも『ヴィヴィアン・リー』（80年・文藝春秋）や『キャサリン・ヘプバーン』（90年・文藝春秋）、『グロリア・スワンソン自伝』（94年・文藝春秋）は山口はるみさんに絵をお願いしました。はるみさんには山田宏一と共著の――山田宏一の文章一ページにはるみさんが一ページ大の絵を描いた――『映画の夢・夢の女』という傑作があって、はるみさんの描く女優さんのポートレートに感心していたからなんです。ぼくの描く彼女たちより、はるみさんの描く彼女たちの方が美しくて格調の高

いものになるに違いない、と思って依頼した。実際その通りだったんです。やはり向き不向きということがあって、この人が自分よりいいと思えばそうします。イラストレーターがイラストレーターに依頼することがあってもいいと思ってます。その場合はアート・ディレクターに変身するわけですけど。

相馬胤成『ぼくだけのハリウッド』（77年・文藝春秋）は湯村輝彦君に絵をお願いしました。この時もぼくはAD、デザイナーの立場をとってます。この本はハリウッドものですが、映画を直接語るのではなく、ハリウッドのコラムニスト、ヘッダ・ホッパーの家で書生をやった日本人の回想記なので、ビヴァリー・ヒルズふうの風景が欲しいと思ったんですね。そうなるとぼくより湯村君の方がだんぜんうまい。

既存の作品を使わせてもらうこともあります。『12人の指名打者』（83年・文春文庫）は野球をテーマにした短篇小説のアンソロジーです。ベン・シャーンが野球を描いたドローイングでとてもいいものがあることを思い出して、権利を取ってもらって使いました。

吉行淳之介『夢の車輪』（83年・文藝春秋）はパウル・クレーの絵とその題名からイメージを湧かせた短篇集で、小説の本だけれどもクレーの画集でもあるような作りになってます。本文中の絵は吉行さんの小説の材料として使った絵なんですが、装丁に関してはぼくがクレーの作品集から好きに選ばせてもらいました。モノクロで描かれたスケッチ集から、カヴァー、表紙、見返しなどに合いそうなものを選んでデザインしたんです。カヴァーには色が欲しいので、ぼくが作った色のマチエールの上にクレーのスケッチを刷るという方法をとりました。きれいなものに仕上がりましたが、クレーの作品にぼくが勝手に色をつけたようにも見えるので、これはもしかするとアンフェアなやり方だったかなあ、と思ったりもします。

著者が絵も描く場合、その人の絵を使う、というのはよくやる手です。中山千夏さんは女優で歌手で文筆家です。政治家であったこともあった。絵もなかなか上手。で、彼女の著書、例えば『からだノート』（77年・ダイヤモンド社）、『偏見人語』（81年・文藝春秋）、『エッセイ・アラビアータ』（89年・徳間書店）などは彼女の絵を使ってます。これらは彼女が連載の時にすでに描いていた挿絵をみんな見せてもらって、装丁に合うものを選ぶという方法をとってます。絵を拡大すると線が面白くなるし、色指定でプロっぽい色彩をつけてあげる。いずれも面白い装丁になってると思います。

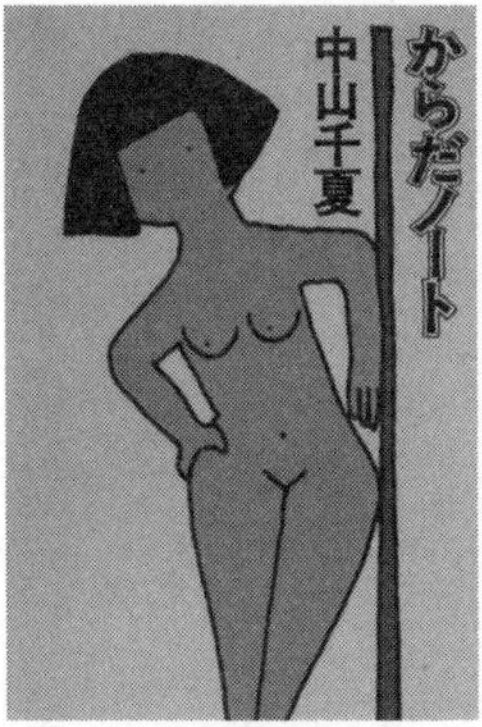

カレル・チャペックも絵の上手な作家です。翻訳の『ダアシェンカ』（81年・講談社）はチャペックの絵を使っています。ジェームズ・サーバーは作家であり漫画家としても有名な人ですから、もちろんサーバーの絵を使わせてもらう。『サーバーのイヌ・

いぬ・犬』（82年・早川書房）、『空中ブランコに乗る中年男』（87年・講談社文庫）はサーバーの絵にぼくの色指定。

カート・ヴォネガットも絵がうまい。ぼくは何冊かヴォネガットの装丁をやってますけど、一冊、『チャンピオンたちの朝食』（84年・早川書房）はヴォネガット自身の絵を使ってます。本文中に著者によるいくつかの絵が入っていて、どれもいいんですが、とりわけ電気椅子の絵が気に入ったので、カヴァーに使いました。

装丁家である栃折久美子さんの『モロッコ革の本』（80年・集英社文庫）、『装丁ノート製本工房から』（91年・集英社文庫）のカヴァーデザインをしたこともあります。栃折さん自身優れた装丁家だし、装丁についての本なので、むずかしい試験問題を出されたような気分でしたが、栃折さんが描いた造本に関するスケッチをデザインしてみました。

これは余談ですが、小坂一也さんも絵が上手です。知り合いではなかったんだけど、小坂さんの絵は何かに紹介されたことがあって見ていました。小坂さんの自伝的エッセイの装丁を頼まれた時、絵は小坂さんに描いてもらったらどうか、デザインは引き受けるから、と担当の人に言ったんです。そしたら小坂さん本人がぼくの仕事場に訪ねてきて、「そう言ってくれるのは嬉しいけども、シロウトの書いた文章が本になって、表紙もシロウトが描くんじゃシロウト丸出しの本になっちゃう。やっぱり和田さんに描いてもらいたいんです」とおっしゃるので、それではと、ぼくが描きました。それが、オビの話のところでも出てきた『メイド・イン・オキュパイド・ジャパン』です〔二八頁参照〕。

黒柳徹子さんの大ベストセラー『窓ぎわのトットちゃん』（81年・講談社）はぼくの装丁ですけども、絵はいわさきちひろさん。ちひろさんの絵は黒柳さんのお気に入りで、とりわけカヴァーの絵は黒柳さんにとってトットちゃんのイメージだったんでしょう。ぜひこの絵を使ってほしい、ということでした。この本ははじめの単行本のほかに、新書版や英語版にもなったし、LPにもなったりしましたが、単行本の時の少女がいつも主役になっています。

「この絵を使ってほしい」と言われたのは丸谷才一さんの『日本文学史早わかり』（78年・講談社）が最初だったと思います。サム・フランシスの絵が著者によって指定された。これはちょっと驚きました。日本文学史とサム・フランシスですからね。ぼくがもし古今東西の絵画から勝手に選びなさいと言われたら、やっぱり古い日本の絵を選んでいたんじゃないか。でもそれだと当たり前ですね。そしてこの本は従来の文学史が、いわゆる政治的社会的歴史区分に従っているのに対して、新しい視点、文学それ自体の歴史で区分しようという当たり前でない試みがなされています。カヴァーも当たり前ではいけなかった。というわけで、意外だけれど実はうまくいった装丁になりました。

あと、丸谷さんは『裏声で歌へ君が代』（82年・新潮社）ではアントニオ・ロペスの絵を、『忠臣蔵とは何か』（84年・講談社）では勝川春章が描いた中村仲蔵――定九郎の役者です

――を指定した。英語版の『たった一人の反乱（Singular Rebellion）』（86年・講談社インターナショナル）は酒井抱一の絵でした。こういうケースではぼくはデザイナーに徹して、レイアウトをします。もとの絵を損なわないようにしながら必要な文字を入れてゆく作業というのはパズルを解くような面白さがあって好きですね。

いつも指定されてばかりいると、もしかしたら欲求不満になるかもしれないけれども、ほとんどの装丁は勝手にやっていますから、たまに制約を与えられると別の緊張感が生まれて、悪くないんです。

それから、特殊な例ですが、人の描いた絵を自分で描く――と言っても何のことかわかりませんね――例えば『赤塚不二夫1000ページ』（75年・話の特集）という箱入りの分厚い本があって、箱と表紙にニャロメが描いてあります。ぼくが描いたニャロメです。赤塚さんの絵を真似しながらカラーインクで描きました。ニャロメ本体は赤塚さんが描くのとおんなじですが、バックの空や地面に映る影などはぼくの描き方です。色もぼくの色。漫画家が描いたマンガをイラストレーション化する作業とでも言えばいいでしょうか。もちろんこれは赤塚さんの本のための試みですから許されるけど、ほかのところに使ったら盗作と言われちゃう。

『手塚治虫ランド』（77年・大和書房）では手塚さんのキャラクターを、東海林さだお『ショージ君の青春記』（80年・文藝春秋）では東海林さんの学生服を着たキャラクターをぼく

がカラーインクで描きました。水木しげる『ねぼけ人生』（82年・筑摩書房）は水木さんの自画像らしきキャラクターに目玉のおやじ、ねずみ男、子泣き爺などをくっつけて、グァッシュで描きました。

こういう盗作すれすれの作業はめったにできないことです。著者の理解がないとトラブルになりかねないですよね。今のところ問題になっていないのは、皆さんシャレを理解して下さってるからだと思います。

山本容子さんから依頼されて、彼女の銅版画を装丁用にデザインすることもあります。彼女はデザインは自分ではやらないけれども、優秀な版画家だし、ポピュラーな人気も高く、装丁用の作品もたくさん作ってる人で、まず彼女に依頼が行き、彼女のご指名でデザイナーが決まる、ということも多いらしい。彼女の絵をデザインした装丁は渡辺和雄さんがたくさんやってて上手です。坂川栄治さんもいいコンビだと思います。

容子さんはぼくの銅版画の師匠でもあるんですが、彼女の作品で装丁をしたのは小林信彦『ドリーム・ハウス』（92年・新潮社）、小田島雄志訳『シェイクスピアのソネット』（94年・文藝春秋）、辻邦生『光の大地』（96年・毎日新聞社）で、いずれも容子さんのご指名でした。『ドリーム・ハウス』と『光の大地』は横長の手彩色の版画をレイアウトしたもので、横長ですから表から裏に回るデザインになります。『ドリーム・ハウス』のカヴァーは透明のアクリルにして、そちらに文字をオビも含めて刷りました。銅版画は表紙に四色で刷るというかたち。『光の大地』はカヴァーに四色で刷ってます。そこに題名、著者名を入れる。

文字が作品を壊さないようにレイアウトすること、背に絵のどの部分がくるか、そではどうなるか、などのことを気にしながらトリミングします。トリミングと言っても絵を切りたくない。せっかくの作品ですから、めいっぱい使いたい。この場合のトリミングはカヴァー表、カヴァー裏、背、そで、そのそれぞれの部分で絵がどう見えるか、ということなんです。

『シェイクスピアのソネット』。小田島さんはシェイクスピアの全戯曲を訳した方ですが、ソネットはやってなかった。シェイクスピアのソネットは一五四篇あって、その全訳をやれば私が全篇に銅版画をつける、と容子さんが小田島さんをそそのかして実現した本なんです。約束どおり彼女は一五四の小さな銅版画を作り、そのほか装丁用にもいくつかの作品を作りました。本文にも装丁にも基本的にモノクロの作品がちりばめられているんだけど、見返しはカラフルな作品です。カヴァーは『シェイクスピアのソネット』を明朝の袋文字で書いて、その字の中に見返しの色彩が出てくるようにしました。

そうだ、椎名さんと沢野さんのことを話さなきゃいけない。

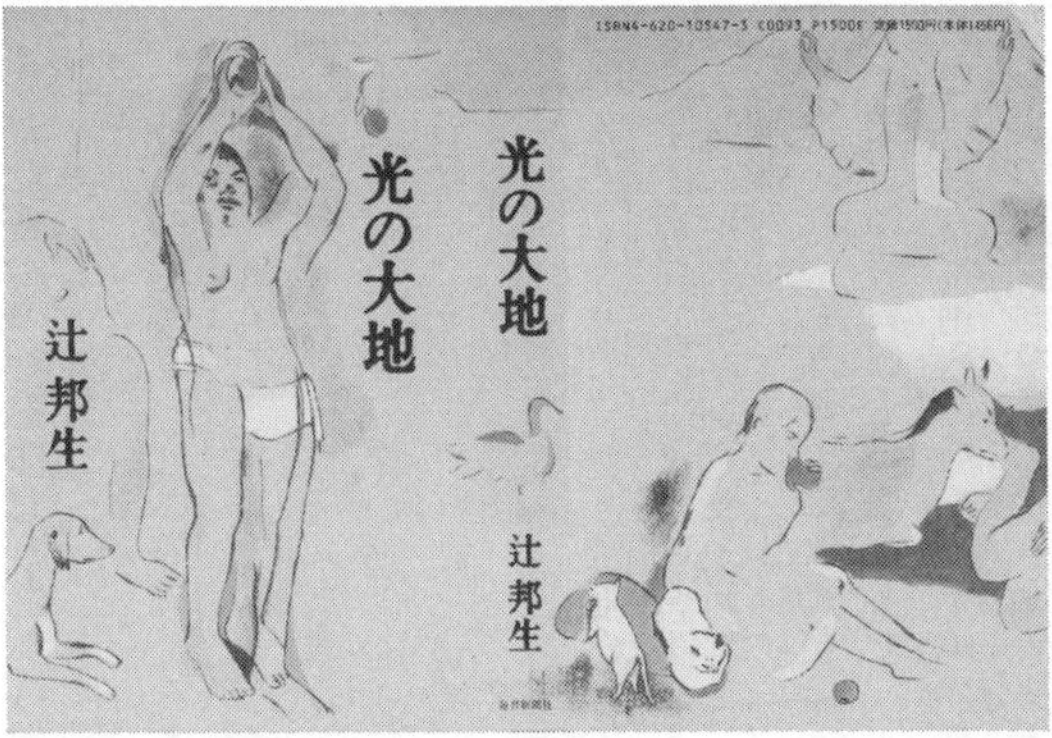

椎名誠さんと沢野ひとしさんは高校時代からの仲良しなんですね。椎名さんは作家になる前、流通関係の業界誌の編集をしていたし、「本の雑誌」を目黒考二さんと創刊してもいました。当時から椎名さんは沢野さんにイラストレーションを依頼していた。はじめのうちは友だちのよしみでタダでどんどん頼んじゃう、というようなやり方だったらしい。沢野さんも当時は絵本出版社の営業をやっていて、もちろん絵が好きだから絵本の会社に入ったんだろうけど、プロの絵描きじゃなかった。でも椎名さんが作家として有名になるのと比例して挿絵も有名になって、沢野さんはプロのイラストレーターになったわけですが、ぼくは初めて見たころから沢野さんの絵が好きでね、『わしらは怪しい探険隊』の文庫のカヴァー（82年・角川文庫）を依頼された時は、文句

なく沢野さんの絵を挿絵の中から選んでデザインしました。

こういう名コンビになると、作家と画家を引き離して考えるのはなかなかむずかしいです。特に挿絵がいっぱい入ってる本は、その挿絵が面白いだけに、表紙だけぼくの絵でいくのはどうも浮いちゃうような気がする。それで椎名さんのエッセイのカヴァーは——角川文庫で何冊もやってるのですが——沢野さんの絵をコラージュするようにしています。小説の『ジョン万作の逃亡』（82年・角川書店）とその新装版（96年・角川書店）、それから『猫殺し　その他の短篇』（94年・文藝春秋）はぼくが絵を描きました〔二六九頁参照〕が、その後『屋根の上の三角テント』『机の中の渦巻星雲』（いずれも97年・新潮社）はまた沢野さんの絵をデザインしました。この二冊は椎名さんの二つの作風——作家自身の命名によると「日常小説」と「超常小説」——のそれぞれのアンソロジーです。沢野さんが描きおろしで挿絵をつけているので、たくさんある挿絵の中から装丁向きのものを選ばせてもらいました。編集担当者との打合わせでは、はじめは沢野さんが最近手がけてるエッチングを装丁に使おうということで、作品をたくさん見せてもらって、これは「日常」用、これは「超常」用と決めてデザインを始めたんですけど、どうも短篇小説集というより、画集、あるいは画文集のようなムードになるので、やはりペン画の挿絵を使うことにしたんです。イメージというのは不思議なもので、同じ沢野さんの作品でも、小説に添う、という気分のものと、自己主張をする気分のものとがあるんですね。

逆のことも話しておかないと。逆というのは、ぼくの絵を人様がデザインする場合です。これはあまりやっていません。好きじゃないんです。人の絵を使うくせに自分の絵が使われるのが嫌だ、というのはずいぶん自分勝手な言い草だと思われるでしょうけど、仕方がないんですね。よほど断りにくい場合でないと、絵だけ提供することはやりたくない。

つまりね、ぼくが人のイラストレーションをデザインする場合、ぼくもイラストレーターだから、作者の気持がわかるんですね。どういうつもりで描いたか、どう使われたいか。で、ぼくは黒衣に徹して、そのイラストレーションを最大限生かすようにデザインする。

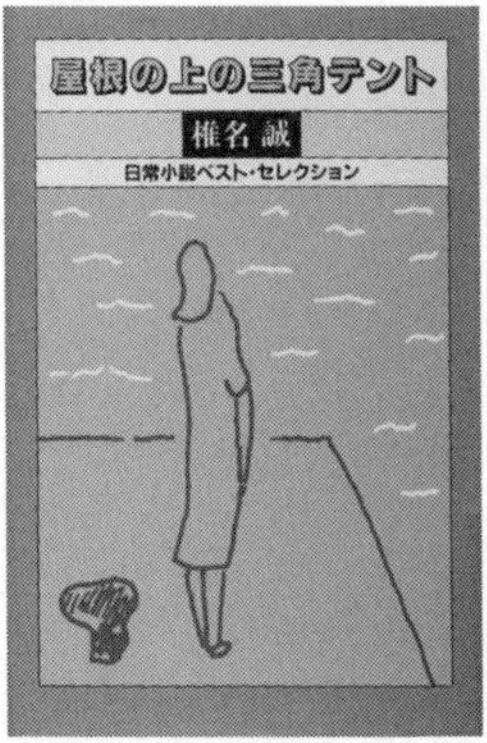

ところが多くのデザイナーはそうじゃないんです。デザイナーはデザイナーとしての主張がある。イラストレーターの気持よりデザイン的な発想を優先する場合が多い。例えばトリミングですね。人物が手に何か持っている、というイラストレーションがあったとして、デザイナーは顔の部分だけをアップにして使う、ということをよくします。イラストレーターとしては手に持っているものが、内容を表現する大事な要素のつもりだったのに、デザイナーはそのことより、顔をアップにする方がデザイン的にシャープになり、強い効

果が出て、書店でも目立つ、という計算からそうするわけですね。しかしイラストレーターは自分の意図がわかってもらえなかったと、大いにがっかりする。それぞれの言い分がありますから、どちらが正しいとにわかに判定するのはむずかしいんですが、ぼくはイラストレーターとしてイラストレーターの立場に立ちます。下手なトリミングはしない。トリミングされなくても、絵のいい場所に文字をドーンと乗せられちゃうことがあります。ひどい場合は、まったく無意味な四角や三角のパターンを乗っけられちゃうこともあります。

左右逆版で使われることもある。それもずいぶんひどい話だと思います。違う絵になっちゃうんだからね。そうした方がレイアウトしやすいというケースもあるのは確かなんだけども、むずかしさを乗り越えてデザインするのがデザイナーとしての誇りになるんじゃないかと、ぼくは思うんですけどね。

さらに我慢できないのは、白黒反転されることです。線で描いたイラストレーションを渡すと、ベタ白ヌキにされることが実に多い。その場合のデザイナーの言い分は、線では弱いのでベタが欲しかった、というものですが、反転すると別のものになっちゃうことが理解されてない。だって写真家に写真を依頼して、出来上がったものをわざわざネガにして刷ることはないでしょう。どうしてイラストレーションだったらネガでもいいという発想が生まれるのか。特に似顔の場合がどうにもならないんですね。また写真にたとえると、非行少女なんて記事が週刊誌に載る場合、写真はよく白黒反転で使われますね。これは当人の顔をわからなくする目的でそうするんでしょ。つまりそれが似顔絵だって、反転することによって誰だかわかんなくなっちゃうわけ。苦労して描いた似顔を、わざわざわからなくして使われちゃう、なんていう苦い思いを何度もして懲りているんです。

ですからよほど信頼できるデザイナーでないと、俺のイラストレーションは渡さない、というのがまあ基本方針なんですね。若いイラストレーターにもよく言います。デザインの勉強もしといた方がいいよ、って。自分でデザインすれば、嫌な思いをしなくてすむんですからね。

16　自著の装丁

自分の著書を装丁することについて質問されることがあります。自分の本の場合、特に一所懸命デザインするのか、とか、内容がよくわかってるからやりやすいか、とかね。どっちでもないというか、とりわけほかの著者の場合と違わないんですけど。和田という著者の本をもう一人の和田という装丁家がデザインする、という気持でしょうか。根本は著者が誰でも同じなんです。

ただ一つだけ違うことがあるとすれば、自分の時にはあまり愛想のないデザインをする、たまにはそういうことがある、ということでしょうか。

ちょっとした実験なんですが、愛想がなくてどこまでもつか試してみたくなることがあって、それが人様の著書ではやりにくい。手を抜いてるんじゃないかと思われそうで怖い、と言いますか、決して手は抜いてないんだけど、そういう印象を与えやしないか、ということですね。

例えば『お楽しみはこれからだ』という本のカヴァー〔二七頁参照〕は二色刷りです。

普通カヴァーは四色使いますから、それに比べると地味です。でもこの本はもともと「キネマ旬報」に連載したもので、その時も二色だった。雑誌の連載というのはほとんどスミ一色ですから、二色は贅沢なんです。同じ二色でも場所によって派手に見えたり地味に見えたりする。そのことがとても面白いと思うんですね。とりあえず雑誌で派手に見えたんだから、そういうカヴァーでもいいじゃないか、と考えてみるわけです。もし売れ行きが悪くて、地味なカヴァーのせいだと思われると困るので、人様の著書ではやりくにい。それで自分の本でやってみる。そういうことなんです。

『お楽しみはこれからだ』でオビをやめたことは前にも話しました。オビもタダではできません。オビをやめればそれだけ安上がりになる。カヴァーを四色でなく二色にすれば、これも少しは安くなる。ついでに化粧扉もやめました。化粧扉は手間も印刷代もかかりますから。

でも習慣上、化粧扉はほとんどの単行本についてます。ぼくはこれもやめて、本文用紙を扉にしてみました。つまりとことん安く上げてみようという実験です。

安く上がれば、定価も当然安くすることができます。これは映画の本ですから、映画を一本観るのと同じか、ちょっと安いくらいの値段にしたかったんです。「お楽しみ」の一冊目が出たころ(75年)はロードショウで一〇〇〇円でした。で、ぼくは「お楽しみ」の定価を九八〇円にしてもらいました。映画を知りたいと思うなら、百本の映画について書かれた本を読むよりも、映画そのものを一本観る方が有効だとぼくは考えています。ですから映画一本より映画の本一冊の方が高い、というのはどうも気持が悪いんです。極力映画より安くしたい。現在は諸事情あって「お楽しみ」は一五〇〇円になっていますが、映画の方は一八〇〇円ですから、まあいいかな、と。

山田宏一と対談した『たかが映画じゃないか』という本のカヴァーは一色刷りにしました。スミ一色。これにもオビはありません。普通だとオビが入る位置から対談が始まっています。これも一つの実験です。実験に対談相手を巻き込んじゃったのは申し訳なかったのですけど。

文字だけの装丁も自分の本ではときどきやります。ほかの著者のときも少しはやりますけど、イラストレーターに装丁を頼んだつもりだったのに絵が入っていないのは物足りない、という著者や編集者もいないとは限りませんので、ご期待に添うようにしないといけない、という気持も働きます。自分の本ではそんな気がねは要りませんから、文字主体でやってみる。

『倫敦巴里』というパロディ集も、文字と罫だけです。パロディ集だから表紙からふざけたらいいじゃないか、という考え方もありますけど、逆にキマジメなスタイルでやってみました。キマジメスタイルというのも一種の洒落なんです。

この本のパロディはほとんど「話の特集」に発表したものです。古いものは「話の特

集」創刊当時の一九六五年。本になったのは七七年ですが、「話の特集」が創刊される前から、『倫敦巴里』という題名は考えてあったんです。そういう題のパロディ雑誌を作りたいと思ってたんですね。自費出版で、パンフレット程度のものしかできなかったでしょうけど、漢字四文字というのが狙いの一つでした。つまり「中央公論」、「文藝春秋」、「小説新潮」、「婦人画報」と、漢字四文字の題名の雑誌が多いでしょう。「映画評論」とか「科学朝日」とか。それをみんな『倫敦巴里』という字に置き換えて、それぞれの雑誌らしい絵とデザインを使ってパロディにしようと考えてたわけなんです。

でも若いころの話で金もないし、愚図愚図していたら、青島幸男さんが「パロディ」という雑誌を自分で創刊しちゃった。「壮観号」と銘打ってありましたね。ぼくはパロディ雑誌に「パロディ」と名づけるのは直截すぎて面白味に欠ける、真面目そうな雑誌を手にとって中身を見たらパロディだったという方がお洒落なんだ、と言ったりしましたけど、それはまあ負け惜しみというか、とにかく先を越されちゃったわけです。「パロディ」の二号目以降の消息は知らないんですが、ぼくは自分でパロディ雑誌を作る情熱をなくしてしまった。でも「話の特集」には断続的に書いて、ずいぶん後にそれが本になりました。

この本の装丁を一見堅く、文字だけでやったのは、一瞬堅い本に見せる、という小さな仕掛けのつもりです。

『倫敦巴里』というのは一種のふざけた言葉なんですね。若い人に読めるかどうか、ちょっと疑問のところもありますけど、ぼくは紐を育てると書いてニューヨークと読ませるとか桑の港と書いてサンフランシスコと読ませるなんていう字面が好きです。『倫敦巴里』が発売されたころ、書店の棚の旅行案内書のコーナーで見かけたこともありました。

『インタビューまたは対談』（85年～92年）という、これも話の特集社から出した本ですが、四冊目まであって、「話の特集」でやった対談、同業者、ミュージシャン、俳優、女優、映画監督、歌人、いろんな人と対談したのを、十二人で一冊にまとめたもの。四十八人分あるわけですが、われながらよくやったと思いますね。

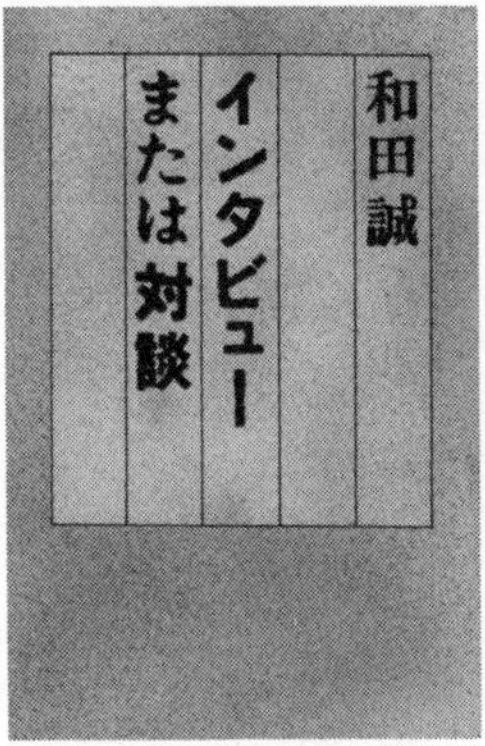

話の特集社は今はありませんから、『倫敦巴里』もこの本も書店から消えてしまったわけで、残念だと思ってます。それはともかく、この装丁もタイトルと著者名だけ、それを罫線で囲ってバックはエアブラシを使っています。エアブラシはスプレー式の簡単なやつで、ベタを塗るだけ、絵は描きません。ぼくはエアブラシで絵を描いた経験はないんだけど、

ベタだけでもエアブラシでないと出ない効果が得られるので、時々使ってます。あらゆる材料を使ってみたいタチで。

で、対談の装丁にイラストレーションを入れるという時、文学とか映画とか料理とか、一つのテーマで対談してる本の場合は、そのテーマに添う材料を絵にすることができます。この『インタビューまたは対談』のように、いろんなジャンルの人といろんな話をする対談は、テーマを絞った絵が描けません。それでつい二つ並んだ椅子だとか、二つのティーカップだとか、二つのカクテルグラスだとか、ありふれた発想になっちゃうんですね。ぼくもそういうのをいくつかやりましたが、そしてそれも対談らしくわかりやすくて悪くはないんですが、それだけじゃ面白くない。いっそ文字だけにしちゃおう、というのがこの装丁だったわけです。これも自分の対談集だから思いきって文字だけにすることができたのかもしれません。

筑摩書房からは『オフ・オフ・マザー・グース』と『またまた・マザー・グース』を出しています。これはぼくの翻訳によるマザー・グースの本です。マザー・グースを翻訳したのは古くは竹友藻風や北原白秋がいます。現代では谷川俊太郎さんの訳が有名で、定訳のようになっています。ぼくは谷川さん訳のマザー・グース四冊に挿絵を描いていて、それが文庫にも単行本にもなってます。装丁もやっている。にもかかわらずぼくも訳したくなったのは、谷川さんとは別の仕掛けを訳の上でやってみようと思ったからなんですが、とにかくそれが出版されることになった。で、装丁と挿絵をどうするか。ぼくは谷川版に絵を描いているので、こっちにも絵を描くのは遠慮したいと思いました。ぜんぜん違うタイプの絵が描ければ別ですが、同じマザー・グースがテーマで、スタイルを描き分けるのはかなりむずかしい。それで自分で絵を描くのはやめて、古い版画を使うことにしました。十八世紀十九世紀のマザー・グースの挿絵として作られた版画です。マザー・グースの挿絵でなくても、当時のその気分が出ているものは使いました。著作権がなくて、勝手に使ってもいいものなので、それをそのまま使ったり、コラージュしたりしました。カヴァーの絵も同じ。

そういうものですから、もともとスミ一色で刷られていて、絵としてはいいものですけど、かなり地味です。でもこれも自分の本なので、地味と言われようとこれでやっちゃう、ということですね。谷川さん訳のマザー・グースの本とはまったく違うタイプの違う装丁になってます。

『シネマッド・ティーパーティ』（80年）と『シネマッド・カクテルパーティ』（91年）。これは講談社から出した映画の本です。シネマッドというのはシネマとマッドを組み合わせた、映画狂という意味の、ぼくの造語です。マッド・ティーパーティというのは『不思議の国のアリス』に出てくるマッドハッターのお茶会ですね。『アリス』の原書に入ってるテニエルの挿絵が有名ですが、そのティーパーティのシーン、帽子屋と三月ウサギと眠り

ネズミをヒチコックとジョン・フォードとビリイ・ワイルダーの似顔にしました。描き方はテニエルふうで。一種のパロディです。

　その続篇が『シネマッド・カクテルパーティ』。ティーパーティをカクテルパーティに変えたんですが、アリスからは遠ざかって、だんだん何のことかわからなくなってきた。これもテニエルの挿絵のパロディにしました。やはり『不思議の国のアリス』の中のカエル顔の召使いに手紙を届けにくるサカナ顔の召使いをキューブリックとスピルバーグの似顔にしたんです。まあちょっとマニアックなパロディと言いますか、万人にわかってもらえるものではないので、こういうのも自分の本でないとやりにくいです。

『PEOPLE』という似顔絵集を美術出版社から出したことがあります。『PEOPLE』と『PEOPLE2』を作りました。画集ですけど、これも装丁には絵を使いませんでした。ぼくの本にしては珍しく箱入りなんですが、箱は段ボール。これに一色のシルクスクリーンで題名を刷りました。

　箱入りなのでカヴァーはなし。表紙にデニムを張りました。七三年の本です。かなり昔なのでこういう贅沢ができたんですね。担当編集者は現在はデザイナーとして、装丁家として活躍している田淵裕一さんで、彼の協力のおかげで凝った本ができました。デニムには矩形の皮を題簽として貼ってあります。デニムを使ったので、ジーパンのお尻のところ

に貼ってあるメーカーのマークみたいなイメージにしたかったんです。革といっても本革ではなく、革のように見える用紙ですけど。『ＰＥＯＰＬＥ』は濃いブルーのデニム、『ＰＥＯＰＬＥ２』（77年）は淡いブルーのデニム、どちらもジーパンの色のつもりです。

この本の装丁で、講談社出版文化賞の装丁部門で賞をもらいました。装丁でいただいた唯一の賞です。

文藝春秋から『銀座界隈ドキドキの日々』（93年）という本を出したことがあります。これはぼくが銀座のライトパブリシティというデザイン会社に勤めていたころの思い出話を綴ったものなんです。ぼくは一九五九年から六八年までその会社にいました。学校を卒業してすぐ入社して九年間いた、というわけです。カヴァーにはその当時に描いた会社の人た

ちの似顔を使いました。会社の美術部――今ならデザイン部というんでしょうか――の部屋にいる人たちを、机の配置なんかそのまま描いてあるんですが、どこかに発表するものじゃなくて、会社の中だけで受けていた、冗談のような、つまり若いころの落書きのような絵です。これも中身はもちろん、描き方にしても自分の本でないと使えません。こんな落書きを人様の著書に利用しては失礼ということになります。

この本の表紙には地図を描きました。一九六三年当時の銀座の地図。いろんな資料をつぎはぎしながら自分の記憶も加えて描いた町の地図です。文章の中に出てくるレストランや酒場も描き込んであります。

この本が文庫になった時は地図の方をカヴァーに使いました。文庫の表紙はきまりものですから、カヴァーを単行本と共通にすると地図がなくなっちゃうんですね。それがちょっともったいないと思ったのでそうしました。単行本が文庫になる場合、単行本のイメージを文庫に移したい、と思っているぼくとしてはちょっと変則的ですが、たまにはこんな時もあります。でも題名の描き文字は共通にしています。

自著とそうでないものの装丁に違いはないと言っておきながら、いろいろと矛盾したことを白状してしまいました。

17　言い残したこと

項目ごとに思い出す装丁について話してきたんですけど、残ってるものもたくさんあるので、補遺をやりましょう。

『わらいねこ』（64年・理論社）は今江祥智さんの短篇童話集。今江さんは児童文学者ですけど、優秀な編集者でもあって、若いころから理論社の顧問をやったりしてる。今江さんを紹介してくれたのは谷川俊太郎さんですけど、今江さんもぼくにいろいろな人を紹介してくれました。星新一さんもその一人。

『わらいねこ』は時代劇です。でもタイトルのわらいねこは『不思議の国のアリス』のチェシャ猫のイメージなんですね。で、ぼくもぼくなりのチェシャ猫ふうな猫を描いて、円の中に収めた。円の中に収まってるのは日本の紋章のスタイルです。星さんの『気まぐれロボット』と同じシリーズで、箱入り。箱の表の絵柄が裏表紙になって、箱の裏の絵柄が表紙にくるという仕掛けの造本になっています。

まったく順不同で話しますが、『写楽道行』（86年・文藝春秋）はフランキー堺さんの小

説です。フランキーさんは「幕末太陽傳」で主役をやった時に監督の川島雄三さんと「次は写楽をやりましょう」と話し合っていたんだそうですが、実現しないうちに川島監督が亡くなってしまった。でもフランキーさんはその後も執念のように写楽のことを考えていたようです。で、写楽をテーマに小説を書いた。フランキーさん自身が江戸時代にタイムスリップして写楽になっている、という物語です。

亡くなる直前にフランキーさんは私財を投じて映画の「写楽」を作ったわけですけど、さすがに齢で自分は版元の蔦屋重三郎の役をやって、写楽は真田広之君がやりました。この映画は件の小説とは関係のないストーリーでしたが、フランキーさんの中では密接につながっていたんじゃないかと思います。

で、装丁ですが、フランキーさんが自分と写楽を重ねて書いているので、著者の似顔を写楽調で描きました。この装丁をフランキーさんは喜んでくれて、ぼくはまだお目にかかったことはなかったんだけど、本ができたら何度も電話をくれて、二人で飯を食うことになりました。銀座の小料理屋に呼ばれて、ごちそうになりながら、いろんな話をききました。

野坂昭如さんの本の装丁は何冊もやってます。筑摩書房の『生きかたの流儀』（76年）、『愉しみかたの流儀』（84年）、『闘いかたの流儀』（84年）の三冊はシリーズで、ワットマン紙にカラーインクで野坂さんの似顔を描いているんですが、「生きかた」はウィスキーを飲んでる普段の野坂さん、「愉しみかた」はコマーシャルに出て歌ってるような姿の野坂さん、「闘いかた」は選挙に出て、雪の中で演説している野坂さんでした。

野坂さんの奥さんの暘子さんも本を出しています。『真夜中のラインダンス』（87年・主婦と生活社）で、「作家の女房大変記」とサブタイトルにあるように、作家野坂さんの奥さんとしての日常を綴ったエッセイですね。暘子さんは宝塚出身だし、タカラジェンヌ一年生のお嬢さんがラインダンスの練習をする、なんてエピソードが書かれていたり、猫が五匹生まれたという話が出てきたりするので、五匹の猫がラインダンスをしている絵をカヴァー表に描きました。カヴァー裏はその様子を一匹の犬が見ている。その犬は黒メガネをかけている、というものです。

そして野坂さんのお嬢さん、野坂麻央さんの著書の装丁もやったんです。『麻央の宅急便』（91年・集英社）で、一年の外国生活と飼っている犬と猫について、そのほか日常のことが記されているエッセイ集。タイト

ルはもちろん「魔女の宅急便」のもじりですが、ぼくはあえてそちらを意識せずに、パリのサクレクールの下に犬、エッフェル塔の下に猫を描いたんです。とにかくお父さん、お母さん、お嬢さんの本を装丁したわけですね。吉行淳之介さん和子さんの兄妹とか、阿川弘之さん佐和子さんの親子とか、椎名誠さん渡辺一枝さんの夫婦とか、ご両人の装丁はあるんだけど、家族三人というのは珍しいケースで、依頼された時は嬉しかったなあ。

『おバカさんの自叙伝半分』（88年・講談社）は遠藤周作『おバカさん』のモデルになったフランス人宣教師ジョルジュ・ネランさんの自叙伝です。この人は昼は神父として教会で説教をしてるんですが、新宿で酒場を経営していて、夜はマスターとして日本人客に接している。それも布教活動の一つなんですね。で、カヴァー表には酒場のカウンターでシェーカーを振るネランさんを描き、裏には教会で聖書片手のネランさんを描きました。酒場のネランさんの絵は、お店でもシールなんかに使われたそうです。

中山千夏『タアキイ』（93年・新潮社）は千夏さんが水の江瀧子さんに直接話をきいてまとめた伝記だけど、ただの聞き書きではなくて、水の江さんの半生と、著者の考え方が重ねて記述されています。タアキイさんは戦前「男装の麗人」と呼ばれた大スタアだったわけだけど、松竹歌劇団の組合の委員をやったりして人権発言をしてきた人なんですね。子役から出発して芸能人として生きながらフェミニズムの運動をしている千夏さんが共感して書いた本だから、普通の伝記とはちょっと違う。

しかし装丁に関しては思想的なことは匂わさずに、男装の麗人時代のタアキイさんのイメージを絵にしました。千夏さんの本は彼女の絵を使ってデザインすることが多いんですが、これはぼくが描きました。似顔ではなく、アール・デコの描き方をちょっと取り入れた絵とタイトル文字で、時代の気分を伝えようとしたんです。カヴァー裏にはタアキイさん自身のアルバムから当時の写真を使わせてもらった。当時のタアキイさんのさまざまな扮装をコラージュしてあるものです。

本が出ると、千夏さんから手紙をもらいました。装丁、気に入ったと賞めてくれて、絵もいいけど、何という名前のものか知らないが本の綴じられてる上のとところについてる布の色もよかった、と書いてありました。

この布は本作りのプロかよほどの本好きでないと名称まで知ってる人はあまりいないと思います。「花ぎれ」というのがその名称。ハードカヴァーの本にはつきもので、造本の補強とお洒落を兼ねているんですね。贅沢な本だとこれを最初から染める、ということもするようですが、通常は見本帖を見て、既製のものから選びます。花ぎれは本来は縁の下の力持ち的なものですから、あまり目立たず、カヴァーや表紙の色とマッチするものを選ぶんですが、時にはわざと派手にすることもあります。本の内容によって、真っ赤にしたり、金にしたり。『タアキイ』の場合は赤と金の縞模様のやつを選びました。レビューの華やかさをこういうところでも表現しようと思ったんです。千夏さんはそれに気がついてくれたわけ。花ぎれの選び方まで批評してくれる人はなかなかいません。

花ぎれのついでにスピンのことも言っとかないと。スピンというのは本に綴じこまれている布のしおりですね。これも見本帖で選ぶんですが、思うような色がなかなかありませんね。だいたい平凡なものになる。しおりは便利ではあるけど、読者が自分用のしおりを別に使ってもいいわけですから、あまり主張しないものにしたいと思ってます。派手で目を引きすぎるのはひかえるようにしてる。

岸本葉子『わたしの旅はアジアから』（91年・文藝春秋）は題名通りアジアについての本です。ぼくは朝鮮の李朝の民画の本を持っていて、その中にある絵文字が好きなんです。

飾りものの字ですから、おめでたい「喜」とか「寿」、修身的な「忠」とか「義」なんかが書かれてるわけで、「旅」なんていう字はお手本がないんですが、ぼくの解釈で描きました。李朝の民画ふうの「旅」は、カヴァーの上で面白い効果を上げたと思います。

「食」関係の本もいろいろやってるんですが、一つは料理を作る人の本ですね。素人も玄人もいるけど、とにかく料理を作る人。もう一つは食べる人の本。

しかし料理関係の装丁はむずかしいです。どうしても台所風景か食卓風景になっちゃうんですね。つまり作るか食べるか。エスニック料理とか特定の国の料理についての本ならバラエティも出しやすいけど、一般的なものだとつい手づまりになります。台所関係だと食材を描くか、調理器具を描くか、食卓関係だと食器ですね。さもなきゃテーブルと椅子。

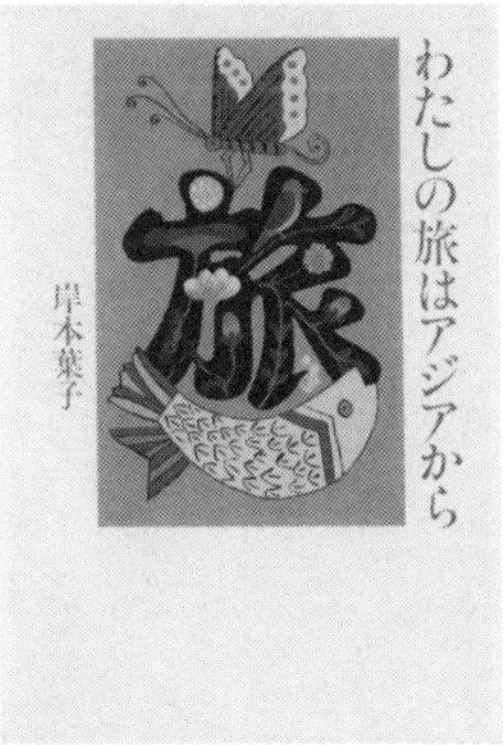

神吉《かんき》拓郎『たべもの芳名録』（84年・新潮社）はぼくが焼いた陶器の中から魚の絵付けをしたものを写真で使いました。

邱永漢『邱飯店のメニュー』（83年・中央公論社）は直訳ふうですけど、邱さんがメニューをさし出している絵。

森須滋郎さんは「四季の味」を作った人だけあって、作る本も食べる本も書いています。ぼくだけで

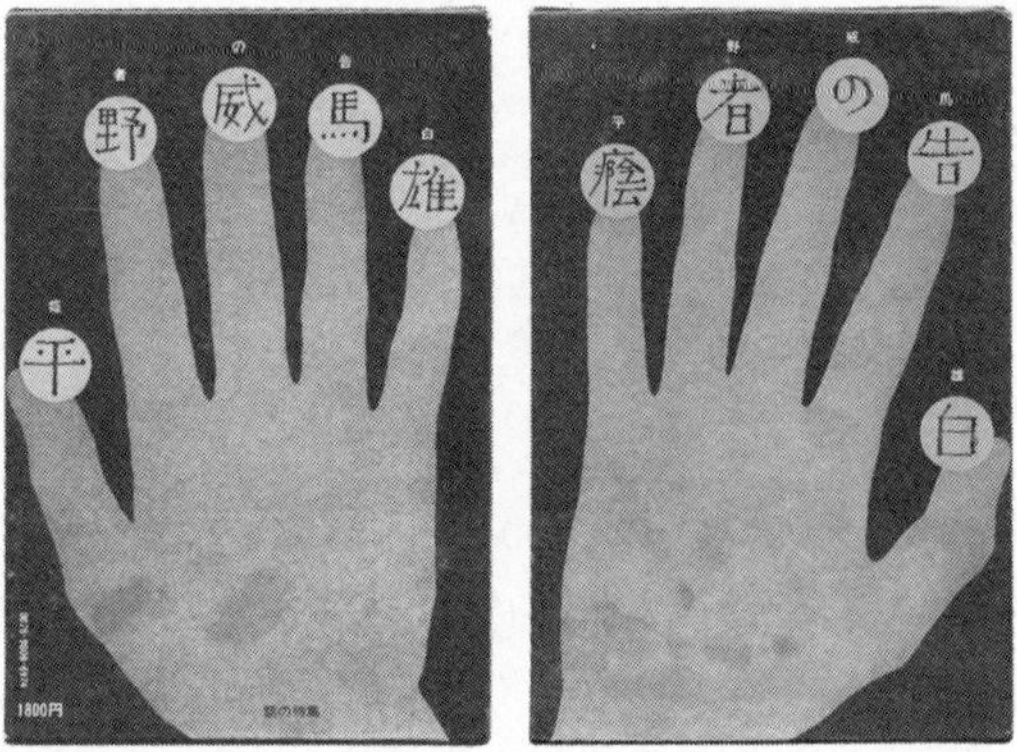

も七冊装丁をやっていて、バラエティを考えるのに頭をひねりました。レストランの看板、食材と調理用具、猫と魚、台所のスケッチ、皿の絵柄、とかいろいろやったわけですね。『味覚のトレーニング』（86年・文藝春秋）は蛸唐草の模様をカヴァーの表と裏に使い、表には唐辛子、裏には山椒の葉がその上に乗ってる、というふうにしました。蛸唐草の藍、唐辛子の赤、山椒の緑のバランスがうまいことといって、自分でも好きな装丁になりました。

　平野威馬雄には『癮者の告白』（76年・話の特集）という本があります。雑誌「話の特集」に連載された時に挿絵を描いたので読んでいたんですが、著者の若いころの麻薬遍歴の話で、いやはやすごい本です。これを読んでクスリをやめたという、ぼくの友だちもいるくらい。ちなみに「癮者」という言葉、今こんな言葉を使う人はいませんが、中毒患者という意味なんですね。ほとんどの読者にとって初めてお目にかかった字だと思います。ぼくもそうでしたけど。

箱入りの本です。たまたま題名と著者名が両方とも五文字だったので、箱の表には左手のシルエット、箱の裏には右手のシルエットを描いて、表は「瘋者の告白」、裏は「平野威馬雄」の文字を一字ずつ赤い円の中に入れて、指の一本一本の先に置きました。手は自分の手を紙に置いてなぞって描いたんですけどね、ちょっと不気味なムードが出て、面白い箱になったと思います。

平野威馬雄という名前は知らなかったけど、面白い装丁の本があると思って買って、中を読んだらもっと面白いんで、平野さんのところにインタビューに行った、という若い編集者の話を、ずいぶん後にききました。

音楽関係では山本直純さんの『オーケストラがやって来た』（72年・実業之日本社）がありますね。直純さんはクラシックの音楽家だけど、その人柄でずいぶんクラシックを大衆に近づけたんじゃないでしょうか。この本も楽しい音楽エッセイ集で、カヴァーの下に赤いジャケットを着て指揮する直純さんを漫画ふうに描きました。オビで隠れる仕掛けです。題名は描き文字で、一字ずつ別の派手な色がついている。とにかく楽しげに仕上げようとした装丁です。

この本の見返しにはオーケストラの配置図をぼくのタッチで描いたんですが、楽器の形は正確にしないといけないと思って、持っていた『楽器図鑑』を参考にしました。できたのを直純さんが見て「どうも楽器の形が変だなあ」と言うんです。『楽器図鑑』を見て描いたんですよとぼくが反論したら、「その本、古いんじゃないの」と言われたんです。その通りで戦前に出た本を古本屋で買ったんですね。クラシックの楽器は昔から形が変わらないのかと思ってたけど、そうじゃなかったわけですね。

直純さんと藝大時代から仲間だったのが岩城宏之さんで、この人は文章家で著書も多いです。その中の軽めのエッセイ集の装丁はぼくもいくつかやってます。『棒ふりの休日』(79年・文藝春秋)、『棒ふりのカフェテラス』(81年・文藝春秋)、『岩城宏之のからむこらむ』(1〜3・81年〜92年・話の特集)など。「からむこらむ」は似顔絵で、とにかくこれは岩城さんが何かに怒ってからむ、というエッセイだから、怒っている岩城さんの顔を描いた。ぼくなんかと会う時の岩城さんはいつもニコニコしていて、怒った顔を実際に見たことはないから、想像図です。「1」と「2」は同じ絵の色変わり、「3」はカヴァー表が怒りながら指揮している岩城さんで、題名通り腕が身体にからんでる。カヴァー裏はティンパニーを叩いてる岩城さんで、こちらはニコニコしてる。岩城さんは学校時代は打楽器科に籍を置いていて、今でもたまに冗談半分、打楽器をやることもあるそうで、そちらは楽しんでやるから顔もニコニコ顔になる、といった絵なんですが、ニコニコ顔の方が似てるようですね。

鹿島茂『パリの王様たち』（95年・文藝春秋）はユゴー、デュマ、バルザックというフランスの三文豪をエピソードをたくさんちりばめて論じた面白い本です。ぼくはこの三人の顔をカヴァーに描きました。ちょっと真面目なタッチで描いた。というのは、この本、著者がつけたタイトルは「巨匠の器」というものだった。その言葉のイメージに合わせる画風で描いたんですね。ところが校正刷りが上がったところ、文春の偉い人が「このタイトルでは地味すぎて本が売れない」と言い出した。それで担当者があわてて著者と相談して『パリの王様たち』という、まるで違う題名にしちゃった。で、タイトル文字だけを差しかえようというわけです。発売予定日は変えられないので絵はそのまま、題名だけ、ということで、ぼくもOKを出したんですが、本が出来上がって眺めると、新しい題名と絵がしっくりこないんですね。同じ三人の文豪の似顔でも『パリの王様たち』だったらもう少しカリカチュアライズした描き方があった。ぼくの描いた絵は「巨匠の器」に似合うものだったんです。

そういうことに確信を持っていれば、題名の変更に絶対反対をするか、発売日をのばしてもらってでも絵を描きかえるかしたところですが、出来上がった本を見るまで気がつかなかった。ということで、その時自分で少しだけわかったのは、絵のスタイルというのは特に意識したり、分析した結果こうなりましたというのではなくて、ゲラを読んだり、題名を見たりしているうちに、自然に醸し出されてくるらしいということでした。

つい最近この本が文庫化されたので、絵のタッチを変えました。『パリの王様たち』に合ったスタイルに描き直したというわけです。

エッチングの話のところで忘れていたのは吉行和子さんの『兄・淳之介と私』（95年・潮出版社）でした。この本は淳之介さんが亡くなったあと、和子さんが書いたお兄さんや家族や友人に関するエッセイを集めて出版された本です。エッセイの中でお兄さんのパジャマ姿の描写が印象的だったので、パジャマの絵をエッチングで刷って、装丁に使いました。

本ができたあと、和子さんが「母が表紙を見て淳之介がいるみたいって言ってたわよ」と教えてくれて嬉しかったんですけど――お母さんはテレビドラマですっかり有名になったあぐりさんですね――ぼくとしては淳之介さんのパジャマ姿なんて見たことはないわけで、あの絵は自分のパジャマをベッドに放り出して、自然にくたっとなったところをスケッチして、エッチングにしたものなんです。でもそれが淳之介さんのパジャマに見えちゃうってことは、それくらい和子さんの文章が、何かを喚起させたんでしょうね。

村松友視『アブサン物語』は村松さんちの猫アブサンの一生の物語。アブサンの写真を借りて、太いロットリングと細いロットリング併用で描きました〔一六四頁参照〕。猫の物語だからって、漠然といわゆる猫を描くということはしたくないんです。特に著者の愛猫となると気を遣いますね。種類が同じ、柄が同じでも、やっぱり一匹一匹個性がありますから、「猫」でなく「アブサン」を描かないといけない。

続く『帰ってきたアブサン』（96年・河出書房新社）は必ずしも続篇ではなくて、猫の出てくる短篇を集めたものですが、やはりアブサンを描くのがいいだろうと思い、同じ手法で別のポーズを描きました。

林真理子『猫の時間』（95年・朝日新聞社）は猫のお話ではなく、猫が坐ってじっと人間を観察するように、林真理子さんが世の中を見て感想を述べるという、辛口エッセイ集なんですが、著者の愛猫が表紙にふさわしいだろうと思い、写真を借りて描きました〔二七三頁参照〕。

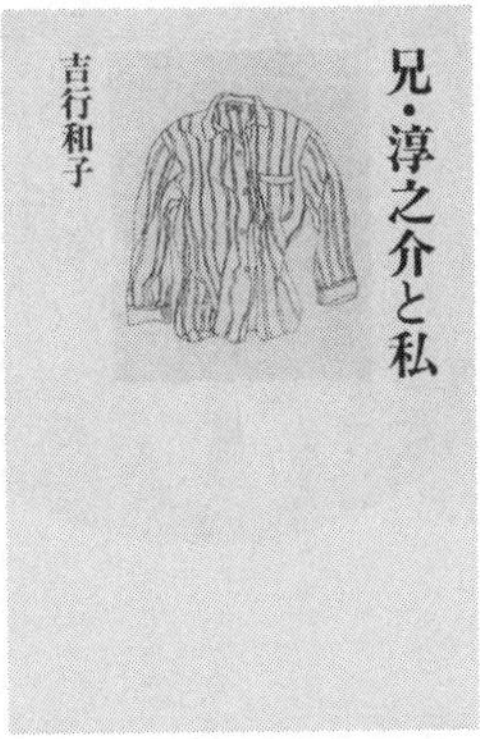

同じ時期に別の出版社、別の著者の猫の本を装丁したわけですけど、『アブサン物語』の担当の太田美穂さんと『猫の時間』の担当者、黒須仁さんがご夫婦だと後で知りました。こういう面白い偶然もたまにはあるんです。

高橋直子『猫はわかってくれない』（97年・マガジンハウス）は愛猫の話。この著者は競馬に関する本

が何冊もあって、たいていぼくが装丁をしてます。馬の本だから当然馬を描くわけですが、今度は「猫はわかってくれない」ですと担当者からきいて、「馬じゃないの？」と思わず言ってしまった。しかし馬は筑摩書房、猫はマガジンハウスでした。この場合も著者から写真を借りて描いています。

三谷幸喜対談集『気まずい二人』（97年・角川書店）は今や超売れっ子脚本家の三谷さんが各界――と言っても主に芸能界かな――の女性と毎月対談をした「月刊カドカワ」の連載をまとめたもので、三谷さんは人見知りで、対談なんか得意じゃない。で、気まずい沈黙が流れる。そんなところもそのまま記録しちゃうし、一年連載のアカツキには対談もうまくなってるだろう、その進歩も見てもらおう、という面白い企画で始まった。しかも対談のまとめは三谷さん自身がやる。脚本家ですからト書きの部分を面白く書く。ということでなかなかユニークな対談だった。で、本人が挿絵も描いてる。毎月対談相手の似顔を描いてるんです。本にまとまった時も、その似顔を挿絵として使ってる。だから表紙も三谷さんに描いてもらったら？　とぼくは言ったんだけど、それは拒否されてぼくが描くことになった。気まずく照れてる三谷さんと、相手の女性の後ろ姿を描きました。

安倍寧さんの『ショウ・ビジネスに恋して』（96年・角川書店）はショウ・ビジネス業界のまっ只中にいて、戦後まもないころからいろいろな芸能人と交流もある安倍さんのショウ・ビジネスへの思い入れを綴った本。カヴァーにはジョン・フィリップ・スーザ——アメリカのマーチの神様みたいな人ですね。「星条旗よ永遠なれ」なんかを作った人——を描き、カヴァー裏は進駐軍のクラブ風景、GIがピアノを弾いて日本人の歌手が歌っているところを描いた。カヴァーをめくると表紙はアーニー・パイル劇場。これは今の東京宝塚劇場ですよ。戦後しばらくアメリカ軍が接収していて、この名前でした。扉はバーブラ・ストライサンドが出たブロードウェイ・キャストの「ファニー・ガール」のLPジャケットという具合で、ショウ・ビジネスに詳しい人でないと絵の意味がよくわからない。でも本の内容を思い合わせると、誰にもわかる絵を描くより、少ないけれどわかる人は喜んでくれるんじゃないかという絵を描く方がふさわしいと

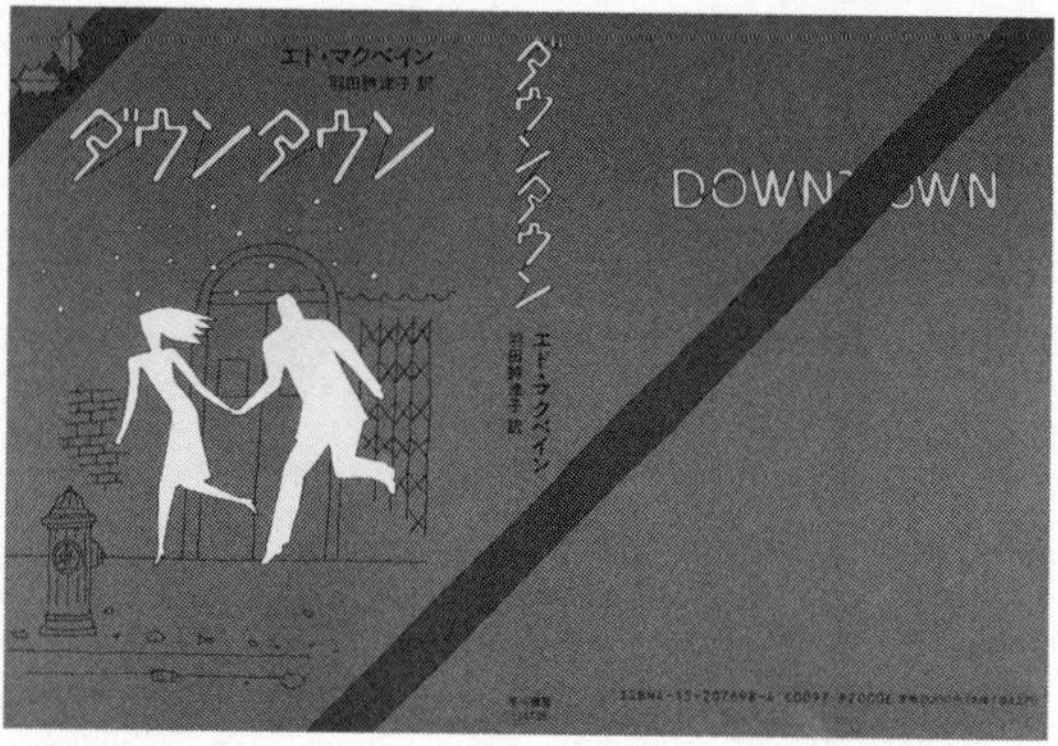

思ったわけです。
まだいろいろあるんですが、翻訳ものではロアルド・ダールの『少年』と『単独飛行』（いずれも89年・早川書房）。ダールの短篇小説が好きで、昔からよく読んでいましたが、これは自伝。『少年』はもちろん少年時代の話。『単独飛行』は大人になって、飛行機乗りになってからの話。この作家らしくホラ話も含まれている気がするけれど、なかなか面白い二冊です。
これはデザイン的にちょっと凝った作りをしました。『少年』のカヴァーはダールの少年時代の家が上部にあって、下に少年時代のダール。家は黒丸で半分ほど隠されていて、黒丸に題名、著者、訳者名が白ヌキで入ってる。カヴァーをめくると、同じ位置に黒丸だけあって、BOYという原題が白ヌキになってます。『単独飛行』のカヴァーはダールが乗っていた飛行機が上部にあって、下にパイロット姿のダールがいる。黒い三角形が飛行機の半分を隠していて、ここに白ヌキで文字。表紙は同じ位置に黒い三角だけがあって、原題の GOING SOLO が白ヌキになっている、というわけ。

『夏服を着た女たち』(79年・講談社)はそれより前にぼくがアーウィン・ショーの「夏服を着た女たち」という短篇が好きだということを何かに書いたのかな、それを訳者の常盤新平さんが憶えてて、この本の時にぼくを指名してくれたんですね。短篇集だからほかの作品もあるんだけど、表題作のイメージを絵にしようと思って、ニューヨークの街角を描きました。マンハッタン中央部の地図をカラーインクで描いて、その前にテーブルとティーセット。カヴァー裏は信号と標識のついた街灯。背に消火栓の絵。絵はグリーン系で統一して、題名はブルー。

エド・マクベインの『ダウンタウン』(90年・早川書房)。マクベインは「87分署」シリーズで有名だけど、これはシリーズじゃなく単発のサスペンスもので、ゲラを一気に読みました。クリスマスの物語なので、本全体をクリスマスプレゼントふうにリボンとひいらぎをあしらってみました。面白い効果になった。中央の絵柄は主人公と彼を助けて逃げる女性の白いシルエット。ニューヨークの裏街で、雪が降ってる。題名はネオン管のスタイル。要素は多いけどシンプルに見えるようにデザインしたつもりです。

18　バーコードについて

おしまいに、現在いちばん悩んでることを話します。バーコードの問題です。出版関係のバーコードはまず雑誌に、それから文庫につくようになって、やがて単行本にもつけられるようになりました。文庫についた時点で危惧はあったんですが、文庫にはフォーマットがあって、カヴァーの裏は解説的な字句で占められることが多くなり、各デザイナーが手がけるスペースではなくなっていた。そこにバーコードが入ったので、いわば領海外の出来事だったんですね。

しかし単行本はそれとは違う。カヴァーも装丁の一部だし、装丁は本を美しく装うための大事なものなんだから、わざわざこんな醜悪なものをくっつけることは、まず本を作っている当事者である編集部の人たちがいやがるだろうと思っていました。甘かったわけだけど。

ぼくは本が好きです。本好きにもいろいろあって、いい内容の文章が刷られていれば表紙なんかなくたっていい、という人もいるかもしれません。でもぼくも含めてたいていの本好きは、内容も外側も一緒になった本の総体が好きだと思うんです。だからブックデザインがあるんだし、きれいな装丁が喜ばれるんですね。いいものを美しく装う、という当たり前のことをやってるわけ。

ある時、早川書房の編集者が、「今月からうちでもバーコードを入れることになりました」と言うんです。「しかしあれは見苦しいものじゃないですか」とぼくが抵抗しても、「でももう決まりましたから」という話だった。その時の仕事はカート・ヴォネガットの『ホーカス・ポーカス』（92年）でした。それまでにぼくは早川書房でヴォネガットの装丁を、単行本では『スラップスティック』『ジェイルバード』『モンキー・ハウスへようこそ』『チャンピオンたちの朝食』『パームサンデー』『デッドアイ・ディック』『ガラパゴスの箱舟』『青ひげ』をやってます。文庫では『猫のゆりかご』『ローズウォーターさん、あなたに神のお恵みを』『タイタンの妖女』『スローターハウス5』『プレイヤー・ピアノ』『母なる夜』と、これだけやってる。サンリオ文庫の『ヴォネガット、大いに語る』（84年）もやってます。ですからヴォネガットの仕事だったら少々不満があってもやらないわけにはいかない、という気分になっていたんですね。

とにかく本のバーコードは二段になっていて、雑誌のよりも倍も面積がある上に、位置はカヴァー裏の上から一センチ、背から一センチと決められていると言われて、あんなものが入るんならカヴァー裏のデザインはできないなあ、ならカヴァー表側だけを一所懸命

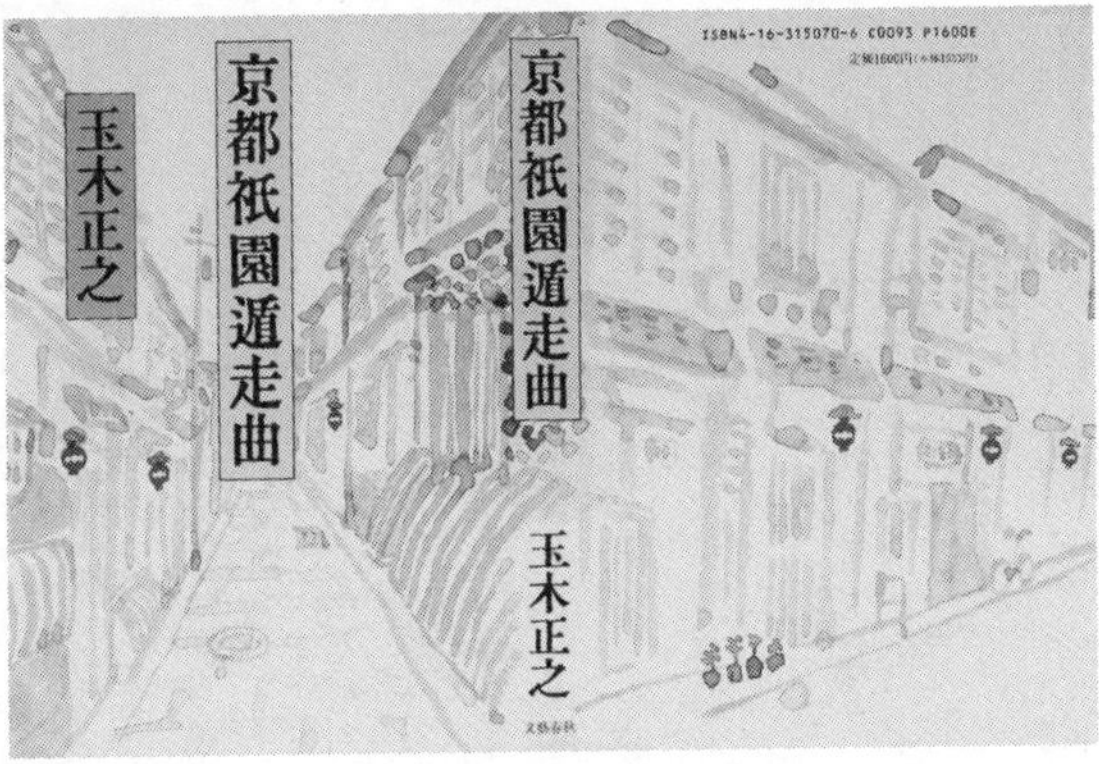

やろう、と考えてデザインしました。悪い装丁ではなかったと思うんだけど、本ができてきた時、ぼくは気分が悪くなったんです。俺の装丁じゃないと感じた。つまりね、ぼくはカヴァー裏だって裏だとは思ってないんです。たまたま裏側にあるだけで、あくまで表紙の一部、カヴァーの一部なんですよね。たとえそれが裏庭であっても、ゴミ捨て放題でいいわけはない。そこにも花を植えてきれいにしたいというのが正常な神経だと思うんだけど。

カヴァー裏に何も描かなかったことは過去にもあります。でもそれは裏側が無地というのがその本にふさわしいと思ったからそうしたのであって、裏だから何も要らないと思ったわけじゃない。

でも『ホーカス・ポーカス』の場合は、バーコードが入るから何も描きたくなかった。ということはいつもの態度と違うんです。その態度が自分で気に食わないということもあります。それから決まったことは仕方がないと思ってしまったこと。これもだらしのない妥協です。長いものには巻かれろ、という態度だった。あっさりこんなものを入れた自分がつくづくいやになった。あの時点でもっと担当者と話し合うべきだったと思ったんです。

というわけで、決められた通りにバーコードを入れたのはこれ一冊だけです。その後は必ず担当者と話し合ってます。

第一誰がそんなこと決めたんだろう。バーコードが便利なことはわかるんですよ。でも位置まで決めなくたっていいじゃないか。位置を決めたんなら、その席に装丁家なりデザイナーが立ち合ったんだろうか。いろいろな疑問が湧いてきました。

このあたりからバーコードを条件にする依頼が増えてきました。それよりも、依頼の時は何も言われなくて、デザインを渡す時に、「ところでバーコードはこの位置に入りますから、この絵のここのところは隠れますけど」なんて言われるケースも出てきた。とんでもない話です。

「誰がそんなこと決めたんですか」と担当者にきいても、「さあ誰なんですかねえ、とにかく会社の方針ですから」とか「上からの指示ですから」というのがみなさんの平均的な答でした。

「だってデザインに関わる大事な問題ですよ。これ一冊じゃなくて、今後本の装丁がすべて、誰が決めたかわからないような指示でデザインされちゃうんですよ」とぼくが怒っても、「そう言われても会社が決めたことに従わないわけにはいきません」と言う。もう少し事情をわかってる人は「これは販売に都合がいいものです。今は機械が何でも読みとりますから、これによって流通がスムーズになります。つまり出版業界全体の要請なんです」と説明してくれる。

便利なもの、ということはもちろんぼくにもよくわかっているんです。でも便利が美しいもの、面白いもの、洒落たものを犠牲にしていいのか、それがぼくの根本的な疑問なんですね。

親しい編集者も多いですから、「あなたはそれでいいと思うの？」ときく。するとまず全員が「自分はいやですよ、装丁が汚くなりますから」と答えます。「だったら会社でディスカッションするということはできないんですか」と言うと、みんな困った顔をする。編集者も会社員ですから、会社で上から通達されたことに反対すると立場が悪くなるということは理解できます。そういう人をあまり困らせたくはない。けれども、じゃあ仕方ないと、ひどいデザインになることがわかっていながら、決められた通りの位置にバーコードを入れるのは釈然としません。

こういうことを言った編集者もいました。「私もこんなものやめたいんだけど、取次会社の人に、入れたくなきゃ入れなくてもいいですよ、でも入れないと本が読者に届きませんよ、と言われました。本を作っても読まれなかったら意味ないですから、泣く泣く入れることにしたんです」って。どうも世の中の動きとしてはそんなふうになってるらしい。

グラフィック・デザイナーの友人に話してみたこともあります。仲間のデザイナーたちはこの問題をどう考えてるのか、きいてみてほしいと言ったんです。数日後の答は、どうもみんな関心がないらしいということでした。彼らは装丁が専門じゃなくて、ポスターや新聞広告を作ってる。そういうものにバーコードは入りません。ティッシュペーパーの箱とか、牛乳のパッケージをやってる人もいます。そういうものにはバーコードが入る。でも量産されるということ、スーパーで大量に売られるということなどを考えると当然だと思ってるのかもしれないし、あるいはこういうものは中身を使うと捨てちゃうものだから、こだわっていないのかもしれない。

しかし書籍はベルトコンベアで流れ出てくるものではありませんし、読んだら捨てちゃうというもんじゃない。そういう本もあるだろうけど、書籍というものはたいがい読まれたあと書架に置かれ、いい本なら繰り返し手に取られ、もしかしたら孫の代まで受け継がれるものです。ティッシュペーパーの箱とは根本的に違う。流通の段階で便利というだけで、こんなものを永久に刷り込んじゃって、書籍を汚くしていいものなのか。

ぼくだって闇雲に反対してるわけじゃないんですよ。流通に便利だということは認めているんだから。だったら流通の段階だけ存在すればいいわけでしょ。野菜なんか包んであるセロファンの上にバーコード入りのシールが貼ってありますよね。あの方式でいいんじやないか。シール方式。あるいはオビに刷る。オビは本を買ったあと取っちゃったっていいし。

けれどもぼくが個人的にそんな提案をしたって「シールをわざわざ作ると高くつきます」とか「オビは取れる恐れがあるからだめです」とか言われて一蹴されちゃう。編集者も一蹴するにはしのびないって顔をするんだけど、会社に帰って提案したってどうせ無駄だから、というあきらめムードがあるんだね。

そんなこんなでイライラしているころ、図書設計家協会という団体からパネルディスカッションのパネラーとして出席しないかという連絡がありました。図書設計家協会というのは装丁家の集まりです。ぼくは普通はこういう催しに出席するのは苦手で絶対断るんですが、この問題は逃げられないので出席しました。

パネラーはその会の会員、加茂嘉久さんと川畑博昭さん、会員以外の実作者である山本容子さんとぼく、編集者として筑摩書房から松田哲夫さん、マガジンハウスの刈谷政則さん、出版流通対策協議会の北川明さん、作家の四方田犬彦さん、バーコードを推進する立場として新潮社の鈴木藤男さん、日本出版販売株式会社の清水昭次さん、日本書店商業組合連合会の井門照雄さん、読者代表として山口雄二さんでした。

ぼくがその会に呼ばれたのは、バーコードを拒否する、という態度をとっていることが知られたからなんでしょう。山本容子さんもバーコード嫌いは同じですが、彼女はアーティストとして銅版画を作る。それをデザインするのは装丁家で、彼女は自分の絵の中にはバーコードは入れないでくれと注文をする。ぼくは自分がデザインをするという立場だから、ちょっとした違いはあります。

鈴木さんからバーコード導入の説明がありました。出版点数が多く、流通が停滞気味である。それを解決するには単行本にもバーコードをつけるしかないと思い、社長に相談したら、賛同を得て、大いにやれと言われた。そこですぐに通産省に行って流通コード管理センターを紹介してもらい、取次、出版社、書店の代表者たちと協議をし、二段システムのバーコードを入れること及びその位置について決定し、各社に情報を流した。将来は本がベルトコンベアで流れるので、バーコードの位置は一定にしなければならない。そこで背から十ミリということにした。流れる方向にあればいいので、上でも中でも下でもいいのだが、決めごとはきちんとした方がいいので上から十ミリと決めた。要約すればこんなところでした。

日販の清水さん、書店代表の井門さんは、読者が読みたい本を早く届けるためにバーコードを推進するのだという意見です。

ぼくが大いに驚いたのは、出版業界のこんな大問題をほんのわずかの人たちがあっさり決めてしまったことです。ぼくがこう言うと、わずかの人ではなく、あっさり決めたわけではない、と反論されるでしょうが、図書設計家協会という会でも誰も知らず、ぼくが関わった編集者の誰ひとり知らないうちに決められていたんだから、そういう印象を受けて当然だと思うんです。

その場に装丁家は参加しなかったのか、という質問をした人がいましたが、参加しなかったという答でした。デザイン上の大事な問題なんだから、デザイナーに相談しないのはおかしいじゃないかという意見には、デザイナーは表1があるでしょう、表4は私たちにください、と。――表4というのはカヴァー裏のことです。

とにかく本の流通をスムーズにするためにはバーコードは必要不可欠なものであるというのが鈴木さんたちの主張で、その主張は終始変わらない。正しいことをやっていると確信してるわけだから、強いです。

ぼくだって本が読者に早く届くことに反対する理由は何もないですよね。だけど、あまりにも単純に「便利」というイメージに惑わされてはいないか、と思った。もっと慎重に検討されなかったのか。こんな大きなスペースをとるバーコードでなく、もっと細いもの、もっと小さなものができるだろう。あるいは透明のインクで刷るとか。

技術革新の世の中ですから、やればできるはずです。手をこまねいていちゃだめだけど、出版業界が力を合わせて研究費を集めればいい。無人ロケットで火星の調査ができる時代ですよ。そんな国家的規模のものを引き合いに出さなくても、子どもがやってるテレビゲームの発達ぶりもすごいものです。需要があればできる。もっと多くの人を納得させるシステムを作らなくちゃ。

しかし現在のやつで動き出してるから今さらそんなこと言っても遅いと言われちゃう。便利なもののどこが悪い、という人たちは、装丁が本の一部だという認識がなくて、「包み紙」くらいのイメージであるらしい。だから「表4をください」なんて言い方ができるんじゃないでしょうか。装丁はデザイナーが流通の人にあげるとかあげないとか言えるものじゃないんですよ。本は著者も編集者も装丁家も宣伝部も販売部も含めてそれを作る送り手のすべてと、受け手である読者のものです。その一部である装丁もそうです。間違っちゃいけない。

鈴木さんは、いろいろ意見はあるだろうが、私どもは全部社内でブックデザインをしているから問題はない、と言った。たしかに新潮社に装幀室という部署はあるけど、装丁を全部社員がやってるわけではなく、装幀室から依頼されてぼくたちもやってることをご存じないらしい。自社の本に関してもデザインのことはよく知らなかった。もし社員だけがやってるとしても、社員なら自分の意思を持たなくてもいいんだという論理になって、これもおかしなことです。

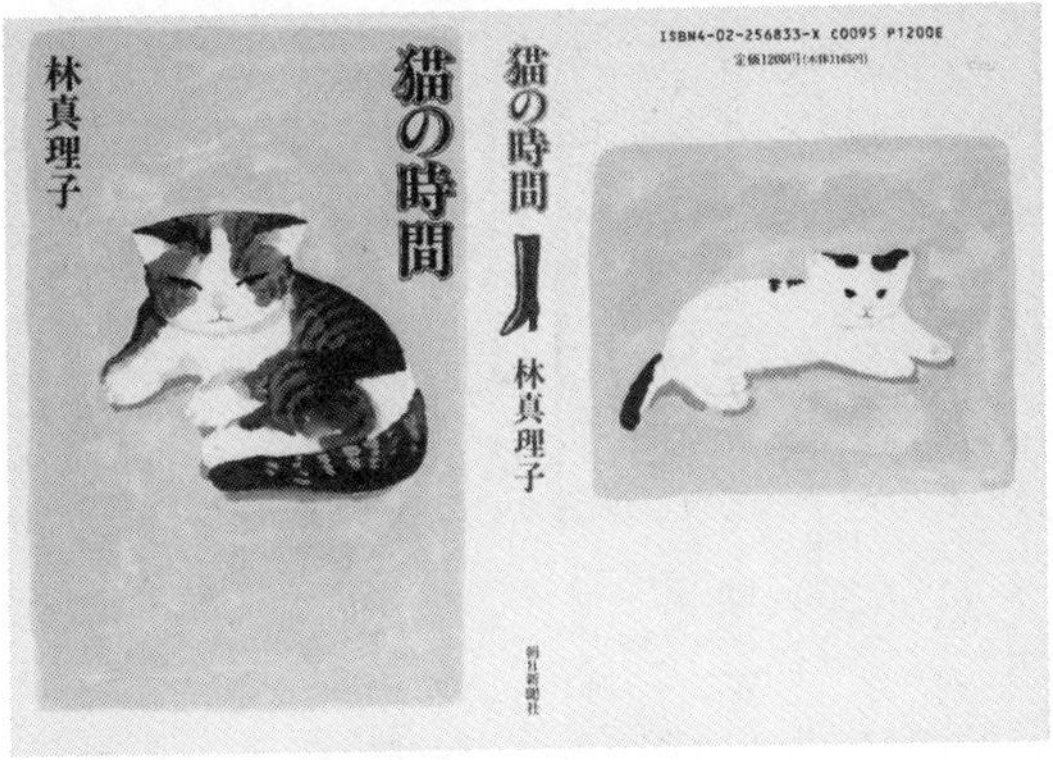

山本容子さんが「鈴木さんは本はお読みになっても絵には関心がないんでしょう」ときいて、「その通りです」と鈴木さんは答えてました。正直なのはいいし、そういうタイプの人がいても不思議じゃないです。でもそういう人、つまりデザインや絵に関心を払わなかった人がデザインに関する重大問題の決定権を持ってしまった。これは目茶苦茶不思議な話です。

かなり早い時期に鈴木さんは出版業界の情報紙に文章を書いています。バーコードを推進しましょうというアピールです。ぼくも読みましたが、「バーコードをデザインの面で嫌う人もいるが、そういう感覚は危険である」とか、「バーコードのない書籍は流通改善に協力していない証明である」なんて書いてある。ご政道に口を出すのは不逞のヤカラである、という言い方だけど、出版業界の動きに協力していないなんて言われると、みんな弱いんですね。

このディスカッションでのぼくらの主張は、書籍のデザインは文化なんだから、便利というだけでデザインをそこなうことは考え直さなきゃいけない。便利なことに反対はしないけれども、もっと時間をかけて研究するべきじゃなかったのか、ということです。しかしこの意見は、便利なことは一刻も早く推し進めなきゃならん、という意見と平行線をたどります。しかもこれからのことを論じているんじゃなく、バーコードはすでに実行されていたんだから、ぼくにとってはかなり悲しい論争になりました。

あれから何年かたって、現実はますますバーコード推進派の思う通りになっているわけだけど、ぼくはどうしても納得がいかない。この『装丁物語』でも、カヴァー表とカヴァー裏の話をずっとしてきました。決められた位置にバーコードが入るとなると、そういうデザインは全部意味がなくなっちゃう。

そう言うと推進派はそれはデザイナーのエゴだという論理で斬ってくる。でもそうじゃないんです。何度も言うように、装丁はデザイナー個人に属しているものじゃないし、むしろあんなものを入れて平気だということは、装丁を大切にしてきた出版の歴史への裏切りだと思うんです。

バーコードは確かに便利です。でも便利だということが、本の歴史や文化を傷つけてることを忘れちゃいけないと思う。

難病を治すための新薬が発明された。すぐ使う。医者は、もちろん患者を治すために使った。でも薬には大変な副作用があった。死ぬ人も出た。人間はエネルギーをいっぱい消費する。電力が足りない。原発が必要だと言われてどんどん出来る。しかし放射能もれ騒ぎ。拙速に便利なものにとびつくとこういう問題が起こります。

おいおいバーコードなんかいくらでっかく入ったって、死人も怪我人も出ないぞ、と言われそうですね。その通りで、人は誰も死なない。でも出版文化を殺したり傷つけたりしてるんです。それをわかってほしい。

これが小説だとしましょうか。小説家が書いた作品が出版される条件として、最後のページに、誰かが勝手に決めたとんでもない文字を必ず刷らなきゃならなくなったとしたら、文藝家協会はどうするだろう。

音楽家がCDを作る。演奏がそろそろ終わるという時に必ずピピーという機械音が入る。その音は大もとの機械がキャッチして、それで流通はうまくいくし、著作権料もちゃんと徴収できて便利だと説明されたとしても、音楽家たちは納得するだろうか。

小説じゃないよ、音楽じゃないよ、装丁だよ、と言う人もいるでしょう。でも装丁家が装丁をすることは、作家が小説を書くこと、音楽家が作曲することと同じなんです。小説の包み紙じゃなくて、その小説と拮抗する仕事をしようという意気込みで取り組むんです。

ＣＤで思い出したけど、ＣＤにはジャケットがあります。ちょっと前までジャケットにバーコードが刷られていました。でもレコード業界の人たちが、みっともないからやめようと申し合わせたんだそうです。それで今ではタスキ――本のオビに当たるやつですね――に刷られてる。音楽業界の方が話がわかるじゃないですか。

出版業界にこれだけバーコードが侵食している現在、こんなこと言ってもむなしいという気もしています。でもぼくは誰にも共闘なんか呼びかけずに、言い続けようと思ってます。だってこんなもの、いつかなくなると思うから。それもやや悲観的な根拠で言うと、みっともないからなくなるんじゃなくて、さらに便利なものができるだろうということです。

ぼくらはＳＰレコードがＬＰになりＣＤになった時代を経験してます。それは割合ゆっくりした変化だったけど、ヴィデオテープで言うと、ベータマックスがＶＨＳにとって代わられたのは急激だったでしょ。今はレーザーディスクが新しいものに代わろうとしているらしい。本のことだって、ＩＳＢＮコードというのが導入されたのはそんな昔のことじゃないですよ。あのコンピューター文字を必ず入れなきゃならないのもつらかったけど、まあ小さい文字だし、これが究極の便利なものだなんて言われたりしてね。でもバーコードになっちゃうわけです。

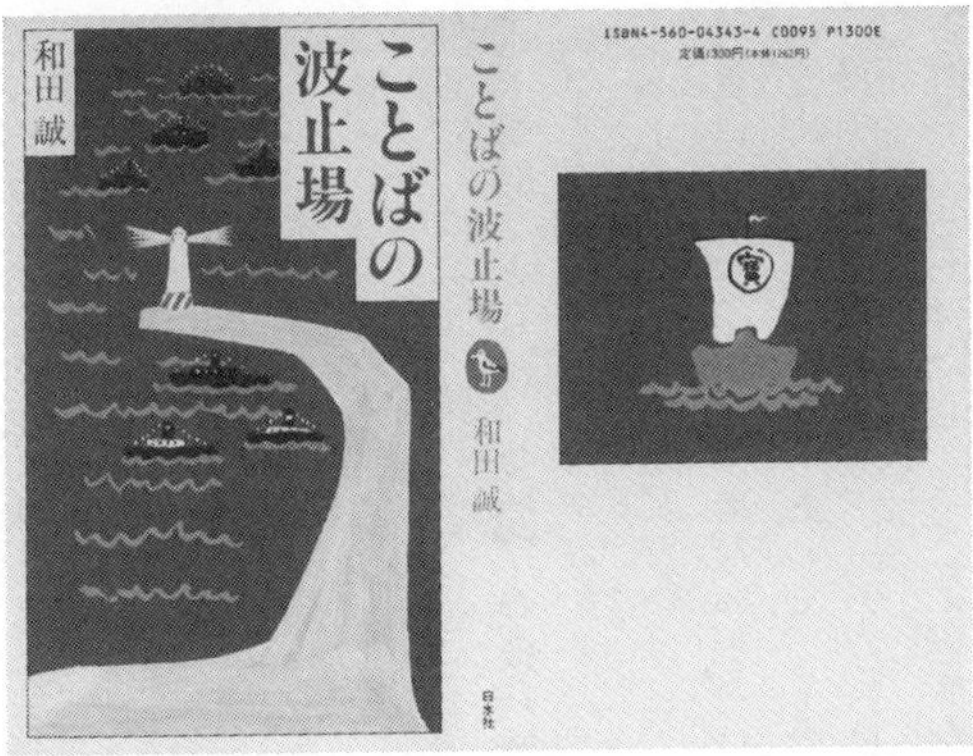

という具合に変わっていくだろうと。さらに悪いデザインにならないとは限らないし、それがぼくの目の黒いうちかどうかわからないわけですけど、まあ元気なうちなら、もっと早い段階で意見が言えるんじゃないかと、細々と思ってるんですけどね。

今のバーコードは本当にイヤなので、ぼくは装丁の仕事なんかやめちゃおうと思ったこともあるんです。でも丸谷才一さんから「和田さんは装丁をしなくてもほかの仕事があるからいいけれど、小説家は本を出さないわけにいかないんだなあ」と言われて。それはそうだし、丸谷さんに限らずおつきあいの長い作家からご指名を受けて、お断りするというのもつらいことですしね。

それでまあ、担当者と話しながら譲り合いの方向を探ってるんです。上から一センチ背から一センチ以外はまかりならんというところとは決別です。これはどうしようもない。

理想は何もないこと。これは従来通りのデザインができますから、いちばんいい。実際に今のところそういうものも流通に乗ってるんです。でも担当者が社内で奮闘しなきゃならない。それも気の毒だと思ってます。

新潮社の場合は、言い出しっぺのいる会社だから上から一センチ背から一センチという原則は変わらないんだけど、妥協案のシール貼りを採用してくれました。はがすことができるから本が好きで装丁に関心のある読者は買ってから家ではがしてくれる。

『軽いつづら』『さよならバードランド』などはシール方式です。『ドリーム・ハウス』は透明アクリル、『老イテマスマス耄碌』はトレーシングペーパーをかけ、その上にバーコードを刷りました。装幀室の桜井幸子さんはぼくの主張を理解してくれて、一緒に歩み寄りの方法を探ってくれています。

バーコードはやめられないけど、オビにだけ刷りましょう、と言ってくれる人もいます。これはカヴァー裏は傷めないからOK。しかしオビは取られちゃうからオビだけに刷るのはだめ、という会社もあって、その場合はオビの下にも刷る。これが最大の妥協ですね。とりあえずオビがあるからカヴァー裏のバーコードは見えない。でもオビをはずすとはっきり見えるわけだし、そこに絵柄を置くことはできないので制約にはなるわけです。でも上から一センチ背から一センチという制約に比べるとずっと仕上がりがきれいです。

『ホーカス・ポーカス』以来ちょっともめていた早川書房は、オビの下に刷るということを認めてくれました。マガジンハウスもそうです。大出版社では最後の堡塁だった文藝春秋も、最近バーコードシステムを導入しました。でもぼくはなるべくバーコードなしでやらせてもらっています。と言うと、チカラ関係でゴリ押ししてる、と解釈する人もいます。けどそうじゃないんです。粘り強く話し合う、ということです。話し合ってもダメなところもあります。晶文社は、決まりは変えられないと言うので、ぼくは装丁ができなくなりました。斎藤晴彦さんのエッセイ集を装丁することを、個人的に約束していたのですが、出版が晶文社だったので、約束を破ることになってしまいました。

この問題以来、装丁の仕事は激減しました。いちばん忙しかったころの二割あるかないか。それはそうだと思います。あいつはうるさいこと言って、世の中の趨勢を知らないからダメだ、なんて言われてるだろうし、面倒な奴に頼むより素直な人がいいや、ということにもなるでしょう。ところで、素直なデザイナーはどういう気持でバーコードを入れてるんだろう。いやだけど仕方がないと思ってるのか、これが進歩だと思ってるのか、マヒしちゃって、何とも思ってないのか。

でもね、ぼくは今、装丁の仕事を一所懸命やってます。昔だって一所懸命やってましたけど、それ以上に頑張ってる。だって、あいつはツベコベぬかす割に仕事は下手じゃないか、なんて言われたらシャクだから。うるさいこと言う分、あるいはそれ以上のいいものを作ろうと思ってます。今ぼくはお買い得のような気がするんですけどね。

あとがき

『装丁物語』の単行本が出版されたのが一九九七年。九年後のUブックス化です。その間も仕事を続けていますので、「谷川俊太郎さんの本」「丸谷才一さんの本」「映画の本の装丁」「文庫のカヴァー」「村上春樹さんの本」「自著の装丁」などの章は追加しようと思えば書くことはあるのですが、考え方の基本は変わっていないし、増補だらけの本というのも考えものですから、本文は九七年時点のままにしました。

ただ、状況にかなりの変化がありますので、そのことを書いておこうと思います。

まずバーコード問題。相変わらず頭が痛いけれど、仕事が激減したと述べた件はかなり解消されました。ぼくの思いを理解してくれる出版社、編集者が当初よりも多くなったからです。「和田さんもそろそろ妥協ということを覚えたらどうですか」と言った編集者が一人いたけど。「決まりは変えられない」と言った晶文社の仕事もその後できるようになりました。しかし体制側は依然頑固です。透明インクによるバーコードが研究されているそうですが、採用の方向に進むでしょうか。

ワープロの機能はパソコンがとって代わったらしいですね。「らしい」と言うのはぼくはワープロもパソコンも使えないからです。今でも原稿用紙に万年筆で書いてます。ワープロの機械が壊れたので新しいのを買おうと思っても生産されていない。パソコンに替えればいいじゃないかと言われても指使いが違うのでワープロに慣れた作家は困ってる、という話もきくけれど、ぼくには関係ありません。万年筆なら停電しても書ける。ジジイが何言ってんだと馬鹿にされそうですが。

今は「原稿はメールでください」と言ってくるところもある。ワープロも知らないヤツがそんなこと言われてもねえ。デザインも「データでください」と言われることがあります。そんな依頼はお断りです。デザインももちろん手描き。仕上がりが目に見えないCDみたいなもので大切な仕事のやりとりができるか、と思ってます。前世紀の人間は仕事がやりにくくなってきた。

写植屋さんがなくなってゆく。活版印刷はほぼ影をひそめた。「便利」に押し切られて美しいものが淘汰されるといういやな世の中です。

「装丁と装幀」の章で、「すべてをデザイナーに任せないで、自分の創造性を発揮できる場所を残して、本作りに参加する編集者も多い」という意味のことを述べましたが、その後そういう人はかなり減っています。「オビはそちらで」と言うと「やってくれないんですか。じゃ仕方がない、うちのデザイナーにやらせます」となる。オビをデザインすることを面倒くさがってると思われるらしい。

　ぼくと同世代で意見が合う編集者諸氏は出世して現場を離れたり、あるいは定年退職したりして、世代交代がはっきりしてきたのと、パソコンの普及によってみなさん便利に慣らされて、手間をかけないことが当然という風潮になったこともありますね。仕事の依頼は電話かＦＡＸ、仕上がりを取りに来るのも校正刷りを届けるのもバイク便、出来上がった本は郵送、という具合で担当者の顔も知らないことがある。これは「装丁の依頼」の章で少し触れましたが、その傾向が強まってる。担当者に会ったこともないなんて数年前までは考えられなかったです。

　世代交代と言えば最近こういうことがありました。しばらく絶版になっていた星新一さんの文庫本が久しぶりに再版されて、送られてきたので見ると、挿絵は昔通りぼくの絵が使われてるんですが、カヴァーもぼくが描いたはずなのに別の人の絵になってる。それで編集部に電話すると、かつての担当者はもういないらしくて、若い人が出ました。で、「カヴァーを変えたのはどういう理由ですか」ときいたら、「書店で若い人に手にとって貰いたいからです」と即答された。「あんたの表紙はもう古いから若い読者は手にとらないよ」と言われたも同然でしょ。唖然としましたが、世代交代はわれわれにも及んでるということ、そういうことが平気で言える編集者が生まれているということを痛感した対話でありました。

しかし、こんなことでぼくが落ち込んだわけではありませんよ。理論社からは新しく編集された星さんの子ども向けショートショートのシリーズが第一期十五巻、第二期十巻が刊行されて、ぼくが装丁、挿絵を担当しているということもあるし、新時代には対応できない老人にも仕事の依頼はちゃんとあるし、新人類編集者のことを言ったけれど、若くてもぼくの仕事のやり方を理解してくれる編集者ももちろん大勢いてくれるし、ハッピーな毎日なんです。クリエイターに定年はないよ、ということを実証するためにも、まだ頑張っていたいと思っています。

和田　誠

二〇〇六年秋

目次・扉絵　和田誠

『装丁物語』　一九九七年十二月（単行本）
二〇〇六年十二月（新書判）
いずれも白水社刊

本書は新書判（白水Uブックス）を底本としました。文中の記述は当時のまま、明らかな誤植は訂正しました。〔　〕は編集部注です。

中公文庫

装丁物語《そうていものがたり》

2020年 2 月25日　初版発行
2020年 3 月15日　再版発行

著　者　和《わ》 田《だ》 誠《まこと》

発行者　松 田 陽 三

発行所　中央公論新社
〒100-8152　東京都千代田区大手町 1-7-1
電話　販売 03-5299-1730　編集 03-5299-1890
URL http://www.chuko.co.jp/

DTP　ハンズ・ミケ
印　刷　三晃印刷
製　本　小泉製本

Published by CHUOKORON-SHINSHA, INC.
Printed in Japan　ISBN978-4-12-206844-5 C1195

中公文庫既刊より

各書目の下段の数字はISBNコードです。978－4－12が省略してあります。

い-35-19
イソップ株式会社
井上ひさし
和田誠 絵
夏休み。いなかですごす二人の姉弟のもとに、毎日届く父からの手紙には、一日一話の小さな「お話」が書かれていた。物語が生み出す、新しい家族の姿。
204985-7

い-35-21
わが蒸発始末記 エッセイ選
井上ひさし
軽妙なおかしみと鋭い批評眼で、小説・戯曲に劣らぬ傑作ぞろいの井上エッセイ。エッセイ集一〇冊の集積から選り抜いた、四一篇の思考のエッセンス。
205134-8

ま-17-11
二十世紀を読む
丸谷才一
山崎正和
昭和史と日蓮主義から『ライフ』の女性写真家まで、皇女から匪賊まで、人類史上全く例外的な百年を、大知識人二人が語り合う。〈解説〉鹿島　茂
203552-2

ま-17-12
日本史を読む
丸谷才一
山崎正和
37冊の本を起点に、古代から近代までの流れを語り合う。想像力を駆使して大胆な仮説をたてる、談論風発、実に面白い刺戟的な日本および日本人論。
203771-7

ま-17-13
食通知つたかぶり
丸谷才一
美味を訪ねて東奔西走、和漢洋の食を通して博識が舌上に転がすは香気充庖の文明批評。序文に夷齋學人・石川淳、巻末に著者がかつての健啖ぶりを回想。
205284-0

ま-17-14
文学ときどき酒 丸谷才一対談集
丸谷才一
吉田健一、石川淳、里見弴、円地文子、大岡信ら一流の作家・評論家たちと丸谷才一が杯を片手に語り合う。最上の話し言葉に酔う文学の宴。〈解説〉菅野昭正
205500-1

ひ-9-2
ド・レミの子守歌
平野レミ
できた！　産まれた！　さあ子育てのはじまり！　レミさんが新品のママになった時のことを明るく語る。みんなを幸せにするレミさんの魔法がいっぱいの本。
205812-5